纪念恩格斯诞辰 200 周年

恩格斯《反杜林论》导读

——从思想论战中建构马克思主义理论体系

杨洪源 ◎ 著

人民出版社

责任编辑：曹　歌

图书在版编目（CIP）数据

恩格斯《反杜林论》导读：从思想论战中建构马克思主义理论体系
　／杨洪源 著．—北京：人民出版社，2020.11

ISBN 978 - 7 - 01 - 022638 - 5

I.①恩…　II.①杨…　III.①《反杜林论》- 恩格斯著作　IV.① A124

中国版本图书馆 CIP 数据核字（2020）第 223012 号

恩格斯《反杜林论》导读

ENGESI FANDULINLUN DAODU

—— 从思想论战中建构马克思主义理论体系

杨洪源　著

人民出版社 出版发行

（100706　北京市东城区隆福寺街 99 号）

中煤（北京）印务有限公司印刷　新华书店经销

2020 年 11 月第 1 版　2020 年 11 月北京第 1 次印刷
开本：710 毫米 ×1000 毫米 1/16　印张：14.25
字数：134 千字　印数：0,001–5000 册

ISBN 978 - 7 - 01 - 022638 - 5　定价：49.00 元

邮购地址 100706　北京市东城区隆福寺街 99 号
人民东方图书销售中心　电话（010）65250042　65289539

目　录

导　言

恩格斯对马克思主义学说的捍卫

　　正所谓"不破不立"，深邃思想和科学体系的形成与发展，往往是与对立学说和错误理论的斗争相伴随的，马克思主义也不例外。在马克思和恩格斯创立和传播他们的"新世界观"，给国际工人运动提供正确的理论武装的过程中，经常招致形形色色冒牌社会主义理论的干扰和攻击。特别是进入 19 世纪 70 年代，德国的拉萨尔主义、杜林主义、讲坛社会主义，法国的布朗基主义、蒲鲁东主义，英国的工联主义，俄国的巴枯宁主义等，纷纷向资产阶级妥协，走向资本主义社会改良的道路。由此可见，就重要程度和实现难度而言，对马克思主义学说的捍卫毫不亚于创立它。

在捍卫马克思主义学说方面，恩格斯作出了巨大的贡献，被列宁称为继马克思之后"整个文明世界中最卓越的学者和现代无产阶级的导师"①。他不仅积极同各种错误思潮进行论战，避免国际工人运动误入歧途，而且密切关注资本主义发展的新特征、新变化、新问题，进一步阐释、丰富和发展马克思主义理论体系，给无产阶级革命奠定强大的思想基础。《反杜林论》就是恩格斯捍卫马克思主义学说的一个重要典范。

从当时的历史背景来看，自 19 世纪 70 年代以来，欧洲主要国家皆已通过资产阶级革命完成了内部统一，为资本主义的发展扫清了障碍，促进了自由资本主义向垄断资本主义的转变。与此同时，国际工人协会（第一国际）的诞生和巴黎公社运动，给无产阶级革命带来了坚实的物质力量和丰富的实践经验。在这个重要的历史转折时期，工人阶级尤为需要马克思主义的思想引领。一方面，工人阶级肩负的历史使命与他们当时的社会地位及思想水平之间差距较大，其社会革命意识极容易受到资产阶级改良思想的"侵蚀"。另一方面，各式各样冒牌的社会主义理论，在无产阶级政党和工人团体中间的影响，虽日渐式微却仍然蔓延。面对上述错综复杂的现实状况，恩格斯既要反对用改良来否定马克思主义的机会主义，又要批判照搬照抄马克思主义原理的教条主

---

① 《列宁选集》第 1 卷，人民出版社 2012 年版，第 88 页。

义，更要清算打着发展马克思主义旗号而把它变为政治斗争工具的形式主义。

恩格斯为捍卫马克思主义同机会主义的斗争，从他对拉萨尔主义和讲坛社会主义的批判中可见一斑。拉萨尔主义，顾名思义，是指以拉萨尔为代表的德国工人运动流派。它产生于19世纪50—60年代，其主要观点为否认无产阶级进行政治斗争和经济斗争的必要性，把普选权看作是工人阶级夺取政权的唯一正确途径，用所谓"工资铁律"规劝劳动者放弃提高工资待遇的合理诉求，宣称依靠超越阶级的国家的辅助，建立工人合作社来实现社会主义。讲坛社会主义，因其代表人物多为大学教授，在大学讲台上宣扬社会改良思想，故得此名。它是在19世纪70年代适应资产阶级缓和阶级矛盾的需要而形成的，主张在不废除资本主义制度的前提下，通过公共政策、立法建制等改变全体社会成员的教养和心态，消除劳资对立等在内的一切隔阂。对此，恩格斯始终保持批判的态度，直指机会主义的理论要害在于"把革命想象成一夜之间就能完成的事情"[①]。任何"一夜革命"，要么是推翻本已将死的反动政权，要么是走向社会变革的反面，对于社会主义运动毫无裨益，应当加以彻底而坚决的抵制。

自马克思主义产生广泛影响之时起，马克思便对教条主义

---

① 《马克思恩格斯选集》第4卷，人民出版社2012年版，第561页。

保持高度警觉，始终主张结合不同民族地区的具体情况来运用它，反对将马克思主义作为解决一切社会历史发展问题的"万能钥匙"。针对桑巴特对《资本论》价值理论的超出特定历史阶段的解释，恩格斯指出："马克思的整个世界观不是教义，而是方法。它提供的不是现成的教条，而是进一步研究的出发点和供这种研究使用的方法。"① 不论是英国民主联盟脱离工人运动的教条主义做法，抑或美国社会劳工党把没有弄懂的理论硬塞给工人，还是德国社会民主党内的"青年派"将历史唯物主义变成任意"剪裁"各种历史事实的僵硬公式，都受到了恩格斯的严厉批驳。

鉴于教条主义地运用马克思主义基本原理屡禁不止，恩格斯反复强调，唯物史观的形成与对唯心史观的"纠偏"密切相关，出于反驳其论敌的需要，他和马克思时常不得不强调前者所普遍否定的经济因素对社会历史的决定作用。但是，他们从来没有否认政治制度、阶级斗争、意识形态等上层建筑对经济基础的反作用，以及这些上层建筑要素之间的相互作用。"在这种相互作用中归根到底是经济运动作为必然的东西通过无穷无尽的偶然事件（即这样一些事物和事变，它们的内部联系是如此疏远或者是如此难于确定，以致我们可以认为这种联系并不存在，忘掉这种联

---

① 《马克思恩格斯选集》第4卷，人民出版社2012年版，第664页。

系）向前发展。否则把理论应用于任何历史时期，就会比解一个简单的一次方程式更容易了。"①

在马克思主义的传播和发展过程中，形式主义带来的后果及危害丝毫不亚于机会主义和教条主义。较之教条主义者对马克思主义理论体系有着一定的了解，形式主义者却在知之甚少的情况下，动辄以"马克思主义者"自居，热衷于同他们眼中的"非正统"作斗争。面对法国工人党内部派系将马克思主义沦为斗争工具的做法，马克思发出了"我只知道我自己不是（这些人所谓的）马克思主义者"②这样的怒斥。恩格斯则引用了德国诗人海涅的名言"我种下了龙牙③，收获的却是跳蚤"，来讽刺当时这些所谓"马克思主义者"。

可以说，恩格斯关于形式主义的这一表述契合了马克思主义的思想实质。"种龙牙"是古希腊神话中较为有名的一个。相传，勇士卡德摩斯曾凭一己之力屠杀毒龙，并在智慧女神雅典娜的指引下，将有毒的龙牙埋在地里。很快，一群全副武装的战士从地里长了出来，他们互相厮杀，直到只剩下五个人才住手。后来，在这五名"龙牙武士"的帮助下，卡德摩斯建立了承载着人类文明的一座新城，将它命名为忒拜城。至今在英语

---

① 《马克思恩格斯选集》第 4 卷，人民出版社 2012 年版，第 604 页。
② 《马克思恩格斯选集》第 4 卷，人民出版社 2012 年版，第 599 页。
③ 目前通行的做法是将此意译为"我播下的是龙种"。

俚语中还保留着"种龙牙"（sow dragon's teeth）的用法，意指"引起争端"。由此不难发现，恩格斯的本意为：马克思主义的产生掀起了足以引发人类思考自身命运的思想论战，从而能够像卡德摩斯那样得到人类文明新形态的建设者；然而，最终收获的却是只关注作为形式的斗争而忽视思想内容、如跳蚤一般上蹿下跳与人不停争论是否为正统的"狂热分子"。对此，恩格斯显然是要深恶痛绝的。

除此之外，恩格斯还时常卷入一些诋毁马克思主义学说的风波中，而不得不进行反击。例如，讲坛社会主义的代表人物布伦坦诺，曾于1872年在德国工厂主联盟机关刊物《协和》上发表《卡尔·马克思是怎样引证的》一文，污蔑马克思起草《国际工人协会成立宣言》时剽窃英国财政大臣格莱斯顿的论断。马克思对此进行了有理有据的回击，专门撰写了两篇文章驳倒了布伦坦诺，直到逝世也没再理会此事。马克思逝世不久，英国合作运动的参加者、剑桥大学教授泰勒于1883年11月给《泰晤士报》写信，要求该报将马克思和布伦坦诺关于所谓"引文剽窃"的论辩文章合编重印，借以嘲讽马克思的"正直"程度。马克思的女儿爱琳娜同泰勒展开了两次答辩，用大量事实将后者驳斥的哑口无言。

1890年6月25日，恩格斯在《资本论》第一卷德文第四版所作的序言中，详细叙述了爱琳娜和泰勒的论辩过程，以此证明马克思的思想创作的科学性和严谨性："这帮大学教授们所策划的在两大国持续 20 年之久的整个这场行动，其结果是任何人也不敢再怀疑马克思写作上的认真态度了。"① 看到这篇序言以后，布伦坦诺再掀风波，专门在 1890 年 11 月 6 日的《德国周报》发表了《我和卡尔·马克思的论战》一文，并把这篇文章收入同名的小册子中予以出版，对马克思进行人身攻击，甚至把格莱斯顿本人搬出来"摇旗呐喊"。1890 年 12 月 13 日，恩格斯在德国社会民主党主办的《新时代》杂志上，发表了《关于布伦坦诺攻击马克思问题》一文。次年 2 月，由恩格斯编辑的小册子《布伦坦诺攻击马克思》在汉堡出版。书中详尽叙述了整个事件的来龙去脉，刊布了马克思和布伦坦诺、爱琳娜和泰勒、恩格斯和布伦坦诺之间论战的全部相关文件，最终实现了对马克思主义学说的捍卫。

相对于马克思主义学说的建构而言，对它的捍卫是一件较为"乏味"的工作，因为各种冒牌社会主义对马克思主义的歪曲和诋毁，既没有思想深度又缺乏论战水准。然而，这种"乏味"绝不意味着捍卫马克思主义学说的非必要性，相反，捍卫也是对马克思主义理论体系的进一步阐释和发展。《反杜林论》的意义即在于此。正如恩格斯在 1876 年 5 月 28 日致马克思的信中所说：

---

① 《马克思恩格斯文集》第 5 卷，人民出版社 2009 年版，第 44 页。

"你说得倒好。你可以躺在暖和的床上，研究具体的俄国土地关系和一般的地租，没有什么事情打搅你。我却不得不坐硬板凳，喝冷酒，突然又把一切都搁下来去收拾无聊的杜林。但是，既然我已卷入一场没完没了的论战，那也只好这样了；否则我是得不到安宁的。"①

_____

① 《马克思恩格斯文集》第 10 卷，人民出版社 2009 年版，第 414 页。

第一章

"马克思主义的百科全书"的问世历程

    140多年前问世的《反杜林论》，无疑是一部划时代的经典著作，被誉为"马克思主义的百科全书"。其所以如此，就在于通过思想论战的方式首次公开阐明了作为整体的马克思主义理论体系，以及它的各组成部分之间的内在思想关联，更在于指明了认识世界的途径和改变世界的方向，有力地推动了社会主义运动的发展。全面理解《反杜林论》中的思想，离不开对其创作历程的系统把握。在这方面，恩格斯生前出版的《反杜林论》三个版本的序言提供了很好的说明，论述了《反杜林论》的创作原因、叙述方式、研究方式、增补说明和思想影响。正是构筑于持续深入的思想论战与几经周折的政治斗争，《反杜林论》才得以问世并产生经久不衰的影响力。

第一节　打破"沉默的阴谋"和"当代挑战"

《反杜林论》的问世与《资本论》第一卷（1867）的出版传播密切相关，彼时马克思的学说正招致"沉默的阴谋"之故技重施。早在数年前《政治经济学批判。第一分册》(1859) 付梓之际，德国资产阶级经济学家便极为默契地拒绝作任何公开的评论，企图将它扼杀于思想传播的"摇篮"中。在英国伦敦，只有一篇出自恩格斯之手的评论（《卡尔·马克思〈政治经济学批判第一分册〉》）见诸报端，还因德籍政治避难者刊物《人民报》的停刊而中断连载。为了避免"引火烧身"，连曾经大力支持马克思政治经济学批判的拉萨尔都选择了缄默，李卜克内西甚至声称从未见过如此令人失望的书。颇具讽刺的是，这种"沉默的阴谋"的中止标志仅限于几篇登载于报纸副刊的无关痛痒的小品文——它们只简单提及《〈政治经济学批判〉序言》，根本没有讨论《政治经济学批判。第一分册》的内容。上述惨淡的窘况，与马克思用这本著作"摧毁"资本主义"大厦"的期冀差之千里，以致马克思的夫人燕妮亦对此难掩失望。①

正是有了"前车之鉴",恩格斯才在《资本论》第一卷印行（1867 年 9 月）后立即着手相关批判文章，短短数月内（1867 年 10 月至 1868 年 1 月）先后撰写了至少 7 篇推介性的文章，并专门投稿给德国资产阶级民主主义或自由资产阶级的媒体，如《未来报》《莱茵报》《爱北斐特日报》《杜塞尔多夫日报》《观察家报》《维尔腾堡工商业报》《新巴登报》等。除一篇被拒稿外，其余均得到了第一时间的发表。历经短期的收效甚微后，恩格斯的努力终于有所收获。1867 年 12 月，《现代知识补充材料》杂志上刊登了杜林的评论文章《马克思〈资本论。政治经济学批判〉》。该文指出，将资本作为货币辩证发展的结果，或者用"商品—货币—商品"公式来证明资本主义经济运行过程的必然性，在逻辑上和历史上都是混乱的。由黑格尔辩证法决定的马克思价值形式理论，不过是李嘉图价值学说的"改头换面"；马克思的暴力革命的社会主义，亦无非是掺杂着辩证法形式和唯物论内容的激进主义。

相对于"沉默的阴谋"所导致的《资本论》"冷场"，杜林的回应反倒成为难能可见的"好事"。一位彼时具有相当影响力的学者的公开讨论，势必有助于将人们的话题引向《资本论》。马

---

① 参见《马克思恩格斯全集》第 29 卷，人民出版社 1972 年版，第 640 页。

克思本人总体上对此事报以"感激"和"赞赏"①，尽管杜林的这篇评论充斥着异常尴尬的语调、傲慢无知的态度②。于是，马克思和恩格斯开始全面关注杜林的著作，例如《贬低凯里的人和国民经济学③危机》《资本和劳动》《国民经济学批判基础》《自然的辩证法》等。④针对杜林认为《资本论》没有超过李嘉图经济学的水平，以及由于站在黑格尔辩证法立场而不能算作科学，马克思澄清了在内容上和方法上同李嘉图及黑格尔的本质区别，直指杜林丝毫没有察觉到这部书中蕴含的独特思想建树，特别是剩余价值的一般形式以及隐藏其后的不合理的社会关系；更无法理解将黑格尔辩证法的"合理内核"从其唯心主义"外壳"中剥离出来的方法论意义，只能出于"本意"和"无知"参半而进行欺骗。⑤

1871年和1873年，杜林先后出版了《国民经济学和社会主义批判史》《国民经济学和社会经济学教程》，呈现给世人一个激

---

① 参见《马克思恩格斯文集》第10卷，人民出版社2009年版，第280页。

② 参见《马克思恩格斯全集》第32卷，人民出版社1974年版，第539页。

③ 在19世纪的德国，"政治经济学"往往被称作是"国民经济学"，如门格尔的《国民经济学原理》、李斯特的《政治经济学的国民体系》、罗雪尔的《历史方法的国民经济学讲义大纲》、施穆勒的《一般国民经济学大纲》等，杜林也不例外。凡本书中所涉及的"国民经济学"，均与"政治经济学"是同义词，特此说明。

④ 参见《马克思恩格斯文集》第10卷，人民出版社2009年版，第280、282页。

⑤ 参见《马克思恩格斯文集》第10卷，人民出版社2009年版，第275—276、280页。

进的社会主义者的形象，并且由于迎合了当时工人阶级的理论兴趣和工人运动的现实需要而一时声名鹊起，以致在德国社会民主工党理论家中不乏热烈拥护者。在鼓吹杜林及其著作方面，伯恩施坦首当其冲，他不仅多次登门拜访求教，还为了抬高对方而不惜贬低马克思主义："在我们看来，马克思主义仅仅是批判的，否定的，而杜林却在避免了我们熟悉的空想主义者的比较粗暴的错误的情况下，在承认工人阶级的政治斗争的情况下，向我们提供了肯定的指南。"[①] 无独有偶，李卜克内西也认为杜林旗帜鲜明地站在了工人阶级的立场上，连身陷囹圄的倍倍尔都专门在德国社会民主工党中央机关报《人民国家报》上撰文（《一个新的"共产党人"》），推介《国民经济学和社会经济学教程》并将它拔升到和《资本论》同样的思想高度。[②] 对此，马克思与恩格斯于 1874 年 6—7 月专门写信给李卜克内西、布洛斯和赫普纳，警告他们要提防杜林之于德国社会民主工党及工人运动的影响的危险性，严厉地表达了对《国民经济学和社会主义批判史》的彻底否定态度。[③]

尔后（1875 年），德国社会民主工党和全德工人联合会合并为德国社会主义工人党（1891 年改名为德国社会民主党），加剧

---

① 中央编译局国际共运史研究室：《研究〈反杜林论〉参考史料》，生活·读书·新知三联书店 1980 年版，第 10 页。

② 参见中央编译局国际共运史研究室：《研究〈反杜林论〉参考史料》，生活·读书·新知三联书店 1980 年版，第 41 页。

③ 参见《马克思恩格斯全集》第 18 卷，人民出版社 1964 年版，第 864 页。

了党内的思想摇摆，使杜林的影响力与日俱增。受伯恩施坦等人的误导——在这样的事实面前，即杜林坚决地立足于社会主义立场上，并用比《资本论》更加通俗化的方式阐释社会主义理论，杜林理论和马克思学说之间的分歧，既显得微不足道，更不会降低对杜林理论的信仰①——，党内弥漫着效仿杜林攻击马克思和拉萨尔的学说的"一种腐败的风气"，幻想"用关于正义、自由、平等和博爱的女神的现代神话来代替它的唯物主义的基础"。②由于杜林大言不惭地宣称发现了"最后的终极真理"，用通俗易懂的语言阐释了一套完整的体系，在当时整个德国社会中获得较强的号召力，致使错误百出的观点都达到了混淆视听从而挑战马克思主义的效果。恩格斯曾借用席勒的剧本《唐·卡洛斯》中的话来讽刺这种状况："我再也无所畏惧了，因为和你手挽着手／我就可以向当代挑战。"③

这种"无知者无畏"的挑战之所以"大行其道"，是因为德国式思维和国民性中对理论体系的推崇备至，连初出茅庐的大学生动辄就要尝试创造出一个完整的逻辑结构，仿佛整个德国社会都被虚伪、无知、吹嘘的"幼稚病"所感染。一些在德国古典哲学

---

① 参见中央编译局国际共运史研究室：《研究〈反杜林论〉参考史料》，生活·读书·新知三联书店 1980 年版，第 2 页。
② 《马克思恩格斯文集》第 10 卷，人民出版社 2009 年版，第 420 页。
③ 《马克思恩格斯选集》第 3 卷，人民出版社 2012 年版，第 1073 页。

和马克思主义哲学之间、在辩证法的观念论和唯物论之间的折中派,如费尔巴哈、杜林等,可以迎合德国人内心的古典情怀,又能满足他们对新事物的诉求,故而成为马克思主义者的首要批判对象。如此一来,马克思主义和杜林的理论之间不再只是方法和路线方面的差异,而是原则上的根本相悖。出于阻止杜林的理论将工人运动引入歧途的需要,马克思和恩格斯在对其进行全面清算的同时,还要以工人阶级能够接受的方式正面阐述自己的学说。清算意味着超过求同存异,革命的现实需要使论战的政治性逐渐超越了学术性,恩格斯亦随之走向前台同杜林展开思想论战。

第二节 文章的艰难刊载与最终集结成册

经由同马克思和恩格斯的深入交流,德国社会主义工人党人逐渐意识到杜林理论的弊端及危害,表达了对杜林进行清算的迫切性,从李卜克内西不到一年内(1875 年 2 月—11 月)连续四次致信恩格斯请求其批判杜林中可见一斑。[①] 诚然,恩格

---

① "你是否愿意写篇文章(严厉地)清算杜林?……必须彻底收拾他。""你必须下决心收拾杜林。""我再一次请求你来做这件事……""现在请尽快和尽量彻底地批判杜林的著作"(中央编译局国际共运史研究室:《研究〈反杜林论〉参考史料》,生活·读书·新知三联书店 1980 年版,第 129—131 页)。

斯正值创作《自然辩证法》的关键时期，一旦中断势必减缓宣传科学社会主义的步伐。但是，在马克思的充分支持与肯定下①，加之与杜林进行论战的极其必要性，恩格斯开始"着手来啃"这个"很酸很大"且"一上口就不得不把它啃完的果子"②。在阅读了杜林的新作《哲学教程》以及莫斯特的吹捧文章《一位哲学家》之后，恩格斯历时数月于 1877 年 1 月完成《欧根·杜林先生在哲学中实行的变革》一文，借以反讽杜林曾对其著作所作的命名——"凯里在国民经济学说和社会科学中实行的变革"。

自 1877 年 1 月 3 日起，恩格斯的这篇文章一经在德国社会主义工人党中央机关报《前进报》上连载，旋即引起了广泛而热烈的讨论：既有诸如更好更切实的杰作之类的高度赞扬，也有杜林拥趸的竭力反对与百般妨碍。后者为阻止恩格斯文章的面世及影响力几乎"无所不用其极"：迫使《前进报》编辑每次只在次要版面上刊登很少的篇幅；在登载国会选举宣传材料的借口下将每周发表三次改为两次；在一段时期内（1877 年 4 月 29 日至 5 月 11 日）直接中断发表，并且毫不顾及恩格斯本人的抗议。

更有甚者，莫斯特还公然混淆是非，在 1877 年 5 月 29 日

---

① 参见《马克思恩格斯全集》第 34 卷，人民出版社 1972 年版，第 15 页。

② 《马克思恩格斯选集》第 3 卷，人民出版社 2012 年版，第 380 页。

的德国社会主义工人党代表大会上作出提案，以读者对恩格斯文章毫无兴趣甚至极为愤慨的捏造事实为由，要求中央机关报不再发表此类文章。面对德国社会主义工人党内"杜林分子"对莫斯特的提案的附和，作为《前进报》编辑的李卜克内西据理力争，不仅逐一反驳了关于恩格斯文章的不实言论和不当诘难，如读者不感兴趣、发表前未通过审查、篇幅过于冗长、纯粹学术文章与办刊宗旨不相符、缺乏实际的好处等；而且从中央机关报的性质出发指出刊载科学性文章的必要性，重点阐明了恩格斯文章的重要意义[1]。综合各方面意见，大会最终通过了修正过的倍倍尔的折中方案：停止在《前进报》正刊上发表恩格斯的文章，要求该刊终止对与此相关的争论问题作任何进一步评论；改由《评论》(《前进报》学术副刊的前身)登载恩格斯批判杜林的文章，或者将它们结成小册子出版。从实际的成效来看，恩格斯本人认为这场辩论的结果是"令人惬意的"。[2] 该年7月，题为"欧根·杜林先生在科学中实行的变革。一、哲学"的单行本在莱比锡出版。

---

[1] "自从马克思的《资本论》问世以来，这些反对杜林的文章是党内涌现出来的最重要的科学著作。从党的利益来说，这一著作也是必要的，因为杜林通过攻击拉萨尔和马克思攻击了党所特别感激的、为党奠定了科学基础的人物，攻击了党本身核心的本质，因此，应该保卫党所赖以立足的基地。这一点恩格斯做到了，为此我们应该感谢他"(中央编译局国际共运史研究室：《研究〈反杜林论〉参考史料》，生活·读书·新知三联书店1980年版，第104页)。

[2] 参见《马克思恩格斯全集》第34卷，人民出版社1972年版，第398页。

不久之后，杜林因公开批评大学教育制度而被解聘，其拥护者却将此渲染为一个社会主义者追求真理和正义的"殉道"之举。《前进报》声称这是柏林大学的"永恒污点"，用一首颂诗把杜林描述为思想领袖、革命导师、精神勇士；《柏林新闻自由报》吹捧得最为卖力，持续刊载杜林的理论及其肯定性评论；《未来》杂志广泛宣传杜林的观点，《新社会》杂志也打算邀请杜林进行撰稿；德国社会主义工人党内的"杜林分子"成立了"杜林委员会"，组织工人集会和大学生运动声援杜林；这一事件甚至在德国之外亦有反响，俄国人米海洛夫斯基在《祖国纪事》杂志上发表《柏林大学的丑剧》进行谴责，瑞士政府则打算提供给杜林以苏黎世大学政治经济学教授职位……于是，"盛名之下"的杜林自我膨胀到令人费解的程度，试图建立一个以对他绝对服从为核心理念的自由学院。此时，连杜林的支持者都温和地指出这种做法的不合时宜，《柏林自由新闻报》也质疑这个学院实为"杜林学院"，对它能否办成深表怀疑。杜林本人却拒绝作任何让步，直言"不完全拥护我，就是反对我"。德国社会主义工人党内"造神"运动的失败彻底激怒了杜林，使之公开声明从未属于德国社会主义工人党，并对它进行各种谩骂。在这种情况下，即使最狂热的崇拜者也会幡然醒悟，发现德国社会主义工人党只是杜林"呼之即来挥之即去"的工具。

相比李卜克内西等人看到杜林的党内影响"滑坡"时的兴

高采烈，恩格斯则冷静与审慎得多。他认为杜林非但不会"等不到钟敲十二点"就自我葬送掉一切①，反而需要持续而彻底的批判才可被消除影响力。在杜林大搞个人崇拜的同时，恩格斯始终没有停止对他的批判工作，于 1877 年 7 月至 12 月、1878 年 5 月至 7 月，在《前进报》学术副刊上发表了《欧根·杜林先生在政治经济学中实行的变革》《欧根·杜林先生在杜林社会主义中实行的变革》，基本肃清了他在德国社会主义工人党内的影响，"在德国社会主义者中间获得了巨大的成功"②。1878 年 7 月，这些文章在莱比锡汇编成小册子《欧根·杜林先生在科学中实行的变革。二、政治经济学·社会主义》出版。

几乎同时，《反杜林论》第 1 版亦正式汇编出版，书名为"欧根·杜林先生在科学中实行的变革。哲学·政治经济学·社会主义"，还含有恩格斯专门为此所写的"序言"。1879 年 11 月 14 日，恩格斯在给倍倍尔的信中将该著称为《反杜林论》③，后来列宁沿用了这一书名④，直至被约定俗成为正式书名，原书名则相应地成为副标题。《反杜林论》的成书发行，加之杜林与德国社会主

---

① 参见《马克思恩格斯全集》第 34 卷，人民出版社 1972 年版，第 57 页。
② 《马克思恩格斯选集》第 3 卷，人民出版社 2012 年版，第 743 页。
③ 参见《马克思恩格斯全集》第 34 卷，人民出版社 1972 年版，第 398 页。
④ 参见《列宁选集》第 1 卷，人民出版社 2012 年版，第 30 页。

义工人党的公开决裂使之不再具有危害工人运动的可能，杜林及其理论逐渐被恩格斯几乎遗忘，不再去看也无特殊必要不想去看杜林的著述。①

《反杜林论》第 1 版出版后不久，就遭逢俾斯麦政府于 1878 年 10 月实施的《反对社会民主党进行普遍危害活动法》（以下简称为《反社会党人法》）而被查禁。无数的历史事实证明，科学发展与社会进步的趋势是不以人的意志为转移的，具有科学性与进步性的书籍越被打压乃至禁止，越能引起人们的好奇、兴趣和渴望从而"走俏"，并最终反过来推动禁令取消。正如恩格斯所说："被禁的书籍两倍、三倍地畅销，这暴露了柏林的大人先生们的无能，他们颁布了禁令，却不能执行。事实上，由于帝国政府的帮忙，我的若干短篇著作发行了比我自身努力所能达到的更多的新版。"② 恰恰是在《反社会党人法》的有效期内（1886 年），《反杜林论》第 2 版正式在苏黎世发行且印数达到了 2300 册。而在此之前（1880 年），恩格斯即已应拉法格的请求，将《反杜林论》的部分篇章（"引论"的第一章和"第三编社会主义"的第一、二章）合编为《空想社会主义和科学社会主义》，在巴黎公开发行。1883 年，该书在出版德文单行本时，改名为"社会主义从空想到科学的发展"。这部被马克思

---

① 参见《马克思恩格斯选集》第 3 卷，人民出版社 2012 年版，第 382 页。
② 《马克思恩格斯选集》第 3 卷，人民出版社 2012 年版，第 383 页。

称作"科学社会主义的入门"的小册子，仅 1883 年就印行了三版共计 10000 册。①

受绝大多数时间和精力用于整理和出版《资本论》第 2、3 卷的影响，恩格斯在发表《反杜林论》第 2 版时只对"第三编 社会主义"的第二章作了部分改动，重新考察了书中关于自然科学理论的一系列提法。到了 1894 年在斯图加特印行《反杜林论》第 3 版时，为了凸显该著所阐述的绝大部分世界观是由马克思确立和阐明的，恩格斯恢复了"第二编 政治经济学"的第十章中的缩短部分，完整呈现出马克思对杜林《国民经济学和社会主义批判史》前三章所作的详尽批判，并且删减了和杜林直接相关的地方。至此，流传至今的《反杜林论》通行本的内容全部产生。

第三节 实至名归的"第二小提琴手"

一定的思想被普遍接受及广泛传播远非一日之功。成果的公开问世、论战的高下立分、体系的初步形成，绝不意味着马克思主义的影响力可以一蹴而就，它尚需长期的历史沉淀与实践检

---

① 参见《马克思恩格斯选集》第 3 卷，人民出版社 2012 年版，第 743、748 页。

验。马克思《哲学的贫困》发表二十年后，才彻底改变蒲鲁东主义成为罗曼语地区唯一"精神食粮"的局面①，即为很好的例证。面对相似的境况，批判和蒲鲁东一样试图整合哲学、政治经济学和社会主义的杜林，更好地阐释自己的新的理论体系的超越性，恩格斯也曾经料想到可能出现的诸多困难，并为解决不断涌现的难题而殚精竭虑。"理论一经掌握群众，也会变成物质力量。理论只要说服人，就能掌握群众；而理论只要彻底，就能说服人。所谓彻底，就是抓住事物的根本。而人的根本就是人本身。"②《反杜林论》在恩格斯生前的广为流传以及对于工人运动的理论基石作用，充分表明了它的彻底性，同时也意味着恩格斯"第二小提琴手"的自我认同实至名归。

从根本上说，促进德国社会民主党的思想统一，使党员普遍认识到马克思主义作为世界观和方法论的完整性，全面准确地理解工人阶级的历史使命，从而积极投身于改造现实世界的社会主义运动，这是《反杜林论》最具有决定意义的作用。其中，马克思主义哲学给工人阶级指明了摆脱精神奴役的道路；马克思主义政治经济学则阐明了资本主义制度下的工人阶级的真正地位；科学社会主义揭示出雇佣劳动的本质和资本主义的发展规律，明确

---

① 参见《马克思恩格斯选集》第 3 卷，人民出版社 2012 年版，第 181 页。

② 《马克思恩格斯文集》第 1 卷，人民出版社 2009 年版，第 11 页。

提出了新社会的创造力量。① 事实上,《反杜林论》的这种影响在其问世之初,即已被当时的革命理论家所深刻认识。狄慈根将辩证唯物主义作为德国社会民主党的最根本的理论基础,依托《反杜林论》来捍卫马克思主义哲学和科学社会主义的内在统一,批判否定马克思主义的有机整体性的各种错误论断。拉法格以《反杜林论》中的唯物史观为根据,制定出法国工人党关于历史唯物主义的报告,并在同唯心主义的论战中彰显其深邃性。普列汉诺夫则在分析车尔尼雪夫斯基的唯物论的局限性时,重点阐释了《反杜林论》中的"新唯物主义"观点。

在推动德国社会民主党人通过《反杜林论》掌握马克思主义理论体系方面,《社会民主党人报》是重要的力量之一。随着《前进报》受《反社会党人法》的禁止而停刊,《社会民主党人报》作为新的中央机关报,不仅继续转载《反杜林论》的内容,而且充分运用它来批判无政府主义、"国家社会主义"等。否定工人阶级的政治能力、革命作用及历史使命,调和工人阶级与资产阶级的对立,是无政府主义和"国家社会主义"的典型共同特征。针对巴尔等人建议的带有国家强制性的"法定工资"、谢夫勒提出的在保证资本利润的前提下消除资本主义弊病、马尔克鼓吹的消灭国家所实现的社会主义条件下的个性绝对自由等观点,《社

---

① 参见《列宁选集》第 2 卷,人民出版社 2012 年版,第 313—314 页。

会民主党人报》从《反杜林论》中揭示的社会发展一般规律出发，刊登专门的批判文章①、摘录印发马克思与恩格斯的经典论断，深入地作出逐一反驳，进而明确了《反杜林论》思想的深邃性和现实性，使得工人阶级及其社会运动的重要作用与日俱增。

随着德国社会主义工人党在 1890 年的国会选举中的巨大成功（获得 35 个国会席位和 142 万张选票②），《反社会党人法》当即废止。恩格斯曾对给予了高度的评价，即真正开创德国历史的新时代和标志着俾斯麦时代的开始终结。③《社会民主党人报》则把这一标志性事件归结为工人阶级在马克思主义指导下的胜利，指出以《反杜林论》为代表的著作中关于社会发展规律的认识，向工人运动提供了比一切政治手段都要坚实而有力的原则。出于党纲具体化的需要，刚刚更名的德国社会民主党于 1891 年正式在德国出版了《社会主义从空想到科学的发展》，并且在 1893 年国会选举时作为宣传材料发给选民。不仅如此，该党还

---

① 例如，伯恩施坦的《高明的胡说》《道德的批评家和他的批评道德》《社会主义和国家》，连载的评论员文章《社会民主党是不可战胜的》等。这些文章的要点有："法定工资"说的谬误在于将工人阶级的彻底解放仅仅归结为剥削份额在法律上的永久确定，其实质是否定阶级斗争和工人运动的历史作用；社会化大生产同资本主义所有制之间的矛盾，决定着工人运动及其斗争是一种社会必然现象；工人阶级夺取并行使政权，是他们同资产阶级的斗争的基本问题；与个人与集体的"绝对自由"不承认义务与拒斥任何计划故而带有落后性相反，社会主义由于以团结为基础并且有计划和有组织而具有革命性；等等。

② 参见《马克思恩格斯全集》第 22 卷，人民出版社 1965 年版，第 639 页。

③ 参见《马克思恩格斯全集》第 22 卷，人民出版社 1965 年版，第 4 页。

在 1894 年印行了《反杜林论》第 3 版，将党的这个"精神财富"置于和《共产党宣言》同等的无可比拟的地位，以便进一步发挥它对于工人阶级形成科学世界观的"指路明灯"之效。截至恩格斯逝世当年（1895 年），《反杜林论》和《社会主义从空想到科学的发展》累计出版近 4 万册，甚至超过了《共产党宣言》当时的总印数。

正如伯恩施坦在《时代报》上发表的《反杜林论》第 3 版书评中指出的那样，它对当时德国社会民主党理论家的一切著作都产生了重要影响，这些论著皆以它为基础或者属于其派生物。社会民主党的理论家和宣传者纷纷运用《反杜林论》中的基本观点与经典表述，取得了卓有成效的理论成果，极大地彰显了《反杜林论》作为"马克思主义百科全书"的思想引领作用。举凡：梅林的《非理性的理性》（1892）通过批判瓦格纳对社会主义的错解，进一步阐释了《反杜林论》中的自由与必然的辩证法思想；费舍尔的《马克思的价值论》（1893 年）中以《反杜林论》为依据强调了辩证思维方法的意义，即揭示各种现象的产生条件和发展规律；普列汉诺夫的《无政府主义和社会主义》（1894）援引恩格斯的观点来批驳无政府主义，深入阐述了国家的起源、发展与消亡；克劳塞则在《直至马克思唯物史观的发展》（1895）中引用了《反杜林论》的相关论述，以强调历史唯物主义的意义，等等。

由此可见，恩格斯本人于《反杜林论》第 3 版"序言"中的如下说法是极为中肯的:"最后,我感到十分满意的是,自从第二版以来,本书所主张的观点已经深入科学界和工人阶级的公众意识,而且是在世界上一切文明国家里。"① 任何阻碍先进思想传播与发展的行为,不论是严令禁止抑或百般诋毁,都终将以被历史抛弃而收场。《反杜林论》及其思想势必在历史向世界历史发展的进程中得到深远流传与不断发展。

---

① 《马克思恩格斯选集》第 3 卷,人民出版社 2012 年版,第 390 页。

第二章

批判对象及其理论原貌的整体呈现

把握《反杜林论》的问世历程，对于理解它的思想无疑是至关重要的。另一个不容小觑的事实在于，杜林及其理论体系在恩格斯的视野中存在长达 20 多年——从 1867 年杜林公开发表《马克思〈资本论。政治经济学批判〉》到 1894 年《反杜林论》第 3 版问世。《反杜林论》的批判性质决定着必须对论战对象的思想进行甄别和考察。通过系统解读杜林相关著作来还原其理论的总体面貌，是全面理解《反杜林论》之思想超越性的一个重要前提。

第一节　以"社会主义改革家"自居的杜林

　　欧根·卡尔·杜林 1833 年出生于柏林，1853—1856 年在柏林大学攻读法学专业。经历了数年的柏林法院和高等法院的见习法官工作后，他再次进入柏林大学哲学系求学，并于 1861 年取得博士学位。1864 年，杜林开始以私人讲师的身份，在柏林大学开设历史、哲学和政治经济学课程，直到 1877 年因公开抨击德国的大学制度而被取消资格。尔后至 1921 年去世，杜林始终以私人学者的身份生活在柏林。

　　杜林一生撰写了不少的著述，其代表作主要有：《自然的辩证法》（1865）；《生活的价值》（1865）；《凯里在国民经济学说和社会科学中实行的变革》（1865）；《资本和劳动》（1865）；《国民经济学批判基础》（1866）；《贬低凯里的人和国民经济学危机》（1867）；《我致普鲁士内阁的社会陈条的命运》（1868）；《国民经济学和社会主义批判史》（1871）；《国民经济学和社会经济学教程》（1873）；《力学一般原理批判史》（1873）；《哲学批判史》（1873）；《哲学教程》（1875）；《合成的物理和化学的新的基本规律》（1878）；《武器、资本和劳动》（1906）；《用真正的权力代替强盗政治和奴役法来拯救社会》（1907）；等等。

　　从他的主要著作来看，杜林自始至终标榜关注社会问题并以实现"经济公平"为"己任"，尽管其不同时期的主张之间有着显著的变化。起初，他是以"资产主义社会改良者"的形象出现的，从其早期著作《资本和劳动》中的劳资联合主张中可见一斑。杜林指出，所谓社会问题，就是降低工资从而消费能力所导致的劳动与享受之间的严重比例失调，它在市场混乱、生产过剩、经济停滞时表现得尤为明显。因此，改善社会经济状况的最好最快方式在于，工人为提高劳动条件而独立自主地加入自由联合会。在这种取得社会进步的意义上，即同雇佣劳动联系起来的现有所有制范围内，代表着工人首创精神的自由团体本身的使命与职能成为重点探讨的问题。

对私有制（私有财产）和雇佣劳动之联合的极力辩护，令杜林博得了俾斯麦政府的好感。他不仅被聘为《普鲁士国家通报》的撰稿人，还受邀起草了致普鲁士内阁的社会陈条。杜林写道，在工业发展和国际分工扩大的情况下维护民族经济的问题，要以它的尽可能广泛性为基础；关键在于提高内部的消费力量，诉诸工人联合的方式来公平地确定劳动报酬进而实现经济公平；国家应当对工人联合会进行督促和检查，并且有责任促进这种联合。由于杜林提出的工人联合会的职能——不仅经营企业的一切重要措施皆由其进行和批准，还要在社会各方面成为代表性团体，直至工人的政治代表对立法的和经济的政策产生决定性影响——远超官方的接受限度，杜林的社会陈条终归"石沉大海"。

到了 19 世纪 70 年代，以《国民经济学和社会主义批判史》《国民经济学和社会经济学教程》《哲学教程》的先后出版为标志，杜林的理论建树进入"顶峰"时期，他本人亦随之以"社会主义改革家"自居。

同常用的"社会主义"（Sozialismus）相区别，杜林自创了"共同社会"（Sozialitaet）一词。根据他的构想，废除雇佣劳动、组织独立经济，独立的工人凭借经济公民身份共同参与生产并支配其全部劳动所得，是"共同社会"的基本特征，也是一切社会主义的共同标志。"共同社会"的基本组成单元为"自由经济公社"，其中的每名成员不再为谋生而劳动，劳动成为他们出于兴趣和个人利益的一种公职。这里的个人利益更多地体现为对荣誉的高尚追求、充分考虑实现他人福利，使个人获得与之能力相匹配的生产职位。包括土地、生产资本、住房等在内的生产资料，均须转交经济公社从而形成一种合作的占有。这种占有绝非集体所有，而是具有极大特殊性的公共权利关系。也就是说，使用生产资料的权利即依靠生产资料发挥个人劳动力的权利，属于愿意在经济上运用生产资料的经济公社的全体成员。经济公社必须接受自愿报名的成员，加之充分的自由迁徙权的共同作用，确保了排他权（不让别人使用东西的权利）不再具有对第三者的决定性。以此为基础，一切生产都在大企业中进行，各种手工业生产形式皆被彻底淘汰；经济劳动总产品的分配遵循平等原则，劳动者耗费的劳动时间所完成的一定劳动量决定他的产品份额；实行等量劳动相交换并取消利润，消费也通过经济公社而社会化。

与大多数社会主义者一样，杜林也认为工人掌握政权是最终实现"共同社会"的必要途径。在他看来，当所有的工人通过和平合法的方式有组织地联合起来，并且具有充分的社会主义意识之时，工人组织就将成为通向新社会的"桥梁"。与此同时，还要对个人的内心世界进行彻底改造，因为"共同社会"这个崇高的社会是以高尚的个人为先决条件的。工人应当重新审视各种自身需求，用道德的和科学的力量来充实自我，对暴力国家和暴力权利进行彻底的批判。

随着恩格斯《反杜林论》的出版与广泛传播，杜林在其影响力日渐甚微的情况下，彻底走向了德国社会民主党的对立面。自此直至去世的四十余年间，杜林将全部的社会问题归结为人的本性及欲望的问题，进而转向探讨纯粹的人的关系及其形成原因。在他看来，同关于人的问题相比，关于物的问题即私有财产与雇佣劳动的对立、对物的统治和对人的统治的对立，完全退居微不足道的地位。伴随立足于公平的人格科学基础的奠定，以及构筑于此的上层建筑的建立，"经济公平"和政治职能也不再具有任何意义。相应之下，"共同社会"体系逐渐为杜林所放弃，建立在私有制和雇佣劳动基础上的私人企业在取代了自由经济公社之后，亦在杜林的构想中消失殆尽。

　　理论建构的自相矛盾，尤其是对私有财产的前后不一态度，使杜林在"社会主义改革家"和资产阶级改良者中间来回摇摆。他最早坚决抵制私有制通过占有物品来实现对人的统治，直言私有财产者对其财产的支配权具有强烈的排他性，因而必然包含着对没有财产的、为了生存不得不依赖他人财产的个人的权力。换言之，正是私有财产的排他性和暴力性（而非私有财产的事实本身）导致了剥削，不产生利润和没有生息能力的单纯占有本身对于社会无害。后来，杜林却又提出私有财产者可以随意支配其物品，包括通过出租物品取得报酬在内。所以，从根本上否定或取消利息和地租等租金形式是不公平的。掠夺他人的个人在其本质上与食肉的野兽没有任何区别，他们没有生存的权利。

　　纯粹的人性研究特别是政治、经济和社会状况中突出表现的人性恶的方面，加之杜林本人的"命途多舛"，致使他长期处于出离愤怒的状态，整个世界在他眼中都沦为普遍自私自利和彻底堕落腐化的代表。于是，马克思主义、共产主义、苏维埃政府、犹太主义、普遍义务兵役制和其他"社会的蛊惑宣传"，都成为杜林及其创办的《人格主义者和解放者》杂志所疯狂攻击的对象。相较于"共同社会"体系由于部分反映现实问题而具有一定的建树，杜林的人性学说实属一种理论的倒退。杜林晚年著作中充斥着强烈的反犹主义，致使其观点达到了可笑的地步，并且将他过去的理论中具有些许意义的东西毁灭殆尽。

第二节　"共同社会"体系的哲学基础

"共同社会"作为经济社会体系在杜林看来之所以独特而深刻，就在于有相应的哲学体系作为基础。它们"在这里是一个统一体；从前没有人在这方面作过任何努力，更谈不上存在过这种统一体了。"① 其言下之意是，如果不通晓他的哲学体系，就无法正确理解"共同社会"体系。

哲学不仅是意识的最高发展形式，从而具有至高无上意义和无条件真理权；而且是涵盖一切知识及意愿的原则，是科学成为自然界和人类生活的统一体系的阐明所需的最后补充。杜林由此指出，这样的哲学体系由于排除了人为的违背自然的虚构，将现实的概念作为一切观念形成的标尺，并且克服了虚幻的、深受主观倾向限制的世界观来思考现实，而成为一种自然体系、真正的哲学或者现实哲学。除却一切存在的基本形式、自然界和人类世界，哲学的自然体系再也没有其他的研究对象。其中，人类世界虽属于自然界的一个部分，却也有区别于它之外的存在的独特性：人不仅可以直接从内部了解自己，还以思想的方式来参与社会活动。当然，强调人的思维的独立性，绝不是在否定自然原则

---

① ［德］杜林：《哲学教程——严密科学的世界观和人生观》，郭官义、李黎译，商务印书馆1991年版，第497页。

作为人类世界的标尺。适用于一切形式的原则、自然原则、人的思维，构成了一个内在的逻辑次序。与之相适应，哲学体系就由一般的世界模式论、自然哲学、关于人的学说组成。

所谓一般的世界模式论，就是对思维与存在关系的探讨。杜林分析说，存在即为物质存在和力的存在，它具有唯一性与统一性，并在感官中表现为无限性。无限性并非无序性，顺序排列是无限性所具有的唯一的方向及基本形式。相应之下，存在的全部状态之间有着次序之别，也就是有一个首位状态。当然，状态的无限序列绝不等于存在本身，现实的存在无生无灭。同样，矛盾范畴虽为关于存在之基本逻辑特性的最重要命题，却不能完全代替现实的存在中诸要素和诸个体间的力的对抗。思维和存在不是绝对对立的，思维是能够完全反映存在的产物。"任何一个思想和观念图像都是某种制成品。但是，在它们产生之前，任何这一类的东西，就已经在产生它们的现实的、从某种意义上说还没有思想的条件中扎根了。"① 思维和存在各自的要素间的一致性，即主观要素体系和客观要素体系的完全统一，体现为现实的任何方面都可被人类的知性所理解。限制人类知性范围的观点，同缩小自然界范围的想法一样的可笑与愚蠢。言说思维有限度，亦即否定存在状态的无限性。

---

① ［德］杜林：《哲学教程——严密科学的世界观和人生观》，郭官义、李黎译，商务印书馆 1991 年版，第 46—47 页。

自然界的范围之广在于它是整个现实的完整内容，即一切可能性的承担者。用杜林的话来说，整个大自然的物质体系和力的体系，是现象的全部特殊种类的基础。具体而言，物质和力分别构成现实存在物的载体和状态，前者中的各部分稍有变化，后者中的各部分也随之调整；这两者统一为"宇宙介质"，它作为真实的逻辑公式，表征着现实存在物的自身等同状态是一切可计数的发展阶段的前提。"任何由独立物组成的现实的属的相同物的积累，只有作为一定数的构成，才是可思议的。"[①] 杜林据此将数的规定性称为"定数律"。

他继续写道，数与数量的规定永远只能是有限的，所以空间是有界限的，时间是有开端的。空间在观念上的无限性并不意味着它本身具有无限性，易言之，物质广延的实在性、空间的充实，不同于单纯的空间概念。同样，在理解时间概念方面，也应当对不变的和可变的存在形式加以区分。现实的世界只要稍有变化活动，在时间上就会有起点和可以设想的且不言自明的终点。如若不然，也就是现实存在物的自身等同中没有相继的差别，比较特殊的时间概念便成为比较一般的存在概念。

同世界模式论和自然哲学相比，关于人的学说在《哲学教程》中占据较大的篇幅。从人的主观愿望分析出发，杜林相继阐释了

---

① ［德］杜林：《哲学教程——严密科学的世界观和人生观》，郭官义、李黎译，商务印书馆1991年版，第59页。

道德哲学、国家哲学,以及作为这两者统一的"共同社会"体系。按照他的解释,愿望产生于冲动、激情和知性的联合体中,道德则为愿望的派生物。将意志中隐含的虚伪的物化内容剥离出去从而理解为愿望,亦可从意志中推导出道德。个人唯有与他人发生联系之时,谈论意志的效果好坏方有意义。至少有两个人的地方才可谓责任,责任以义务为前提,义务则是不同意志之间的关系。这种关系不是个人把其意志加诸他人,而是个人内心对他人意志的承认(即命令)。一言以蔽之,"尊重别人的意愿就像尊重自己的意愿一样,是公共道德的第一个基本法则"①。

将此推及全人类,便能构成全部正义原则的出发点。世界观则可以概括为"共同社会准则":自由和正义必须是一切人类行动的动力因素、观察和判断一切社会问题及经济问题的准则。由此可见,个人是优先于集体的利益中心,个人自由构成一定的社会形式的前提。国家抑或更高形式的集体皆为手段,它们服务于现实的个人这个唯一的自满自足者,并且只有真正体现个人的自由意志才富有生命力。

然而,构筑于"共同社会准则"上的自由社会并非完美的自由社会("共同社会")。在杜林看来,就政治性的自由联合作为自由社会的基础来说,"共同社会"理应具有最终的较小政治单

---

① [德]杜林:《哲学教程——严密科学的世界观和人生观》,郭官义、李黎译,商务印书馆 1991 年版,第 187 页。

位，后者又联合起来组成较大的组织。在国家向自由社会转变的过程中，还存在这样的过渡阶段：个人不得不继承暴力国家的遗产，把中央集权制度变成改变生活的出发点。其所以如此，盖因国家源自最初的暴力并使之始终处于政治权力的运行中。暴力国家虽同以正义和自由为原则的国家相对立，却也聊胜于无；最坏的国家也好过取消国家后的混乱无序状态。因此，要在坚持国家原则的同时防止政治权力的过分片面扩大，以便顺利过渡到未来的自由社会。随着自由社会的建立，全体成员自愿地为了获得经济上和政治上的支援而联合起来，单方面压迫意义上的统治就不复存在了。鉴于少数侵犯他人自由和权利的行为难免发生，自由社会仍保留通过法律生效的调节权力，并且只适用于维护自然的正义之需。

在杜林哲学体系中，辩证法不仅绝无"一席之地"，而且是批判的"靶子"："能够感到满意的是……各个地方对于矛盾辩证法这个木偶——用来代替对抗的世界模式论的雕刻得极其粗糙的木偶——的焚香顶礼，被证明是无益的了。"[①] 早在创作《自然的辩证法》时期，杜林就强烈反对黑格尔辩证法，试图建立起所谓"哲学的和科学的新的逻辑基础"。到了创作《哲学教程》时期，他认为哲学的自然体系首先要抵制旧哲学中逻辑学和形而上学的

---

① ［德］杜林：《哲学教程——严密科学的世界观和人生观》，郭官义、李黎译，商务印书馆 1991 年版，第 29—30 页。

一般联系。这里的一般联系就是像黑格尔那样把全部哲学都归结为逻辑学。逻辑的最高原则和主要形式固然对全部的现实事物及其形式具有决定意义，但是绝不能据此将逻辑的一切要素都纳入哲学的范围。如若不然，哲学就不再是自然体系。唯有认清最一般的思维概念可以适用于特殊性事物，将全部存在纳入它的研究范围，得出一个逻辑的世界模式论，方为逻辑真理和哲学的真正关系。相反，但凡运用黑格尔辩证法的领域，除了深陷荒谬的概念游戏中不能自拔，再无任何其他的结果。

第三节　对政治经济学与社会主义的"批判"

在杜林的全部著作中，关于政治经济学与社会主义的"批判"占据了绝大部分，以及据此得出的所谓社会经济学和社会主义改良论，构成了"共同社会"体系的理论缘起和主要内容。正如他本人所说："我的从历史和体系方面全面地进行论述的著作所得出的特殊的，部分是批判性的，部分是证实性的原理，以及对国民经济学和社会理论所作的综合阐述，对研究现实哲学的人的注意力提出了具有决定性意义的要求。"[①]

---

① ［德］杜林：《哲学教程——严密科学的世界观和人生观》，郭官义、李黎译，商务印书馆 1991 年版，第 497 页。

　　按照杜林的说法，政治经济学是一门内容不够成熟、形式有待完善的"年轻"的科学：它既不具备一套成体系的固定概念，也没有形成一个严整的方法依据。现有的绝大部分政治经济学流派更不合格，尤其是古典政治经济学。杜林分析说，古典政治经济学并无任何科学性质与严谨态度，它从一开始就受到强烈的个人主义所左右，只有在满足学说创立者本人的需要时才会进行研究。与科学研究的自由精神背道而驰表明，古典政治经济学派及其学说实乃"党派学派"和"党派的表述"①。在古典政治经济学中，全部的学说和命题皆被打上了它们的创立者的"印记"，诸如"斯密定理""李嘉图定律""马尔萨斯模型"云云。科学依赖于权威，使得古典政治经济学笼罩在一种自命不凡的、故步自封的统治中，并最终走向倒退与没落。从李嘉图和马尔萨斯全然无视斯密学说的深刻部分、完全背离后者所开辟的研究路向中，可见一斑。

　　对古典政治经济学的批判，并不意味着杜林完全站在历史学派经济学的立场上。杜林认为，德国资产阶级政治经济学中的历史学派，尽管反对古典政治经济学的个人主义和抽象方法，主张国家干预和历史方法，但同时抛弃了古典政治经济学的合理内容，即批判性判断与体系构建。因此，将古典政治经济学

---

　　① 　Dühring: *Kritische Geschichte der Nationalökonomie und Socialismus*. 1. theilw . umgearb . Aufl. Berlin 1871. S.27.

和历史学派经济学各自的合理因素综合起来，进行深入的分析与归类，就可以开创政治经济学研究的一个崭新时代。在这方面，主张国家主导工业和贸易保护主义等的德国经济学家李斯特无疑是伟大的先驱，"斯密以来的第一个真正的进步要归功于他"①。然而，李斯特的政治经济学理论在当时的德国未能得到应有的足够重视，甚至招致了诸多误解。彼时，人们普遍把贸易保护主义视为经济自由主义的对立面，李斯特却将保护关税制度归结为实现经济自由发展的有效方式。杜林继续写道，李斯特的观点之所以为古典政治经济学派所敌视，不仅在于他作为一个真正的思想家所具有的敏锐性，即直接抛弃了李嘉图和马尔萨斯的"低劣"学说，并用更好的理论取而代之；还在于他以比德国发展得充分的美国为研究对象，从其直接观察到的进步的经济事实出发进行研究。

显然，李斯特时代的德国远未发展到足够发达的程度，以致无法将李斯特的"天才的力量"引向正确的方向。杜林指出，当时的德国思想界中只充斥着李嘉图学派的仿制品，包括一些第二、三流的经济学家据此加工而成的各种政治经济学教材。自重农学派创立国民经济学以来，除了斯密和李斯特，唯一的集大成者就是美国政治经济学家凯里，因为他深刻地认识到由社会制度

---

① Dühring: *Kritische Geschichte der Nationalökonomie und Socialismus*. 1. theilw . umgearb . Aufl. Berlin 1871. S.41.

的弊病带来的苦难，并且对社会罪恶进行了极其严肃的批判。凯里的著作充分表明他是一个伟大的变革家——人们于其中可以看到的是，具有伟大风格的国民经济学说，以及社会科学所作出的首屈一指的、无愧于时代的表述。相形之下，法国政治经济学家巴师夏只是一个剽窃凯里理论的人。更有甚者，除了李斯特与凯里，自斯密以来的政治经济学的其他全部继承者和发展者，实际上已经结成了"反社会的派别"，组成了一条强大的反对被压迫阶级的阵线。为此，杜林把坚决同这一派别及其阵线作斗争，对政治经济学进行全面革新，当作毕生的思想使命。

那么，力求全面革新政治经济学，是否意味着杜林全盘接受社会主义这个当时被人们普遍视作政治经济学的对立面呢？对于始终自我标榜思想"独具匠心"的杜林来说，答案显然是否定的。为了彰显其理论体系的独特性和超越性，以"社会主义改革家"自居的杜林，势必要对整个社会主义理论加以全面"清算"一番。

同批判政治经济学一样，杜林对社会主义亦采取折中的态度。其中，马克思主义以前的各种社会主义流派及其学说，被他称作是"梦想的社会主义"。在他的视野内，这些旧的、非批判性的社会主义，已然沦为没有任何根据的幻想，或者变成纯粹的形而上学的东西，充其量是类似于李嘉图学派的老生常谈。相较而言，新的、自觉的、已经发展为科学根据的社会主义，则"力图真正同普遍的和科学的基础相结合"①。这种"比较严肃的社会主义","是在社会经济理论已经以一种独立制度的思想来同宗教思想王国相对立的阶段中才开始的"②。不仅如此,这样的"科学的社会主义"和当时占统治地位的政治经济学相比,也具有十分突出的优势,因为它作为社会科学是以社会现状为出发点的,而后者根本没有将社会经济生活的决定力量纳入研究范围。据此,杜林自信地认为,新的"科学的社会主义"和实现全面革新的政治经济学,势必相得益彰、共同繁荣:"假如人们懂得……这种精确意义上的社会主义,那么它就代表着一种理论和政治,这种理论和政治迟早一定会同国民经济的幼芽一起构成一个统一的,尽管可能是长在相互分离的枝干上的知识领域。"③

然而,在当时比较新的社会主义者中,只有蒲鲁东和勃朗在一定程度上得到了杜林的认可。在杜林看来,这两者之间也有高下之分,蒲鲁东的学说尽管具有独特而强大的说服力,但始终没有结出批判的成果;勃朗则找寻到了真正的目标,其代表作《劳动组织》即为最充分的例证。事实上,这部著作中的

---

① Dühring: *Kritische Geschichte der Nationalökonomie und Socialismus*. 1. theilw. umgearb. Aufl. Berlin 1871. S.217.

② Dühring: *Kritische Geschichte der Nationalökonomie und Socialismus*. 1. theilw. umgearb. Aufl. Berlin 1871. S.222.

③ Dühring: *Kritische Geschichte der Nationalökonomie und Socialismus*. 1. theilw. umgearb. Aufl. Berlin 1871. S.223.

两个基本观点，即对无政府状态的竞争的批判和对有明确目的性的劳动组织的建议，直接影响了杜林关于经济公社的构想。杜林虽然不赞同原原本本地建立勃朗所设想的社会工场，更反对劳动为各种自由活动所支配，但是基本上认可有意识地把劳动组织起来，包括由国家来承担立法者的职能并提供必要的经济支持，按照合作的方式来把工人这些新的生产承担者联合成为一个巨大的统一整体，消灭竞争的特殊方式从而克服竞争的单纯逐利的动机，等等。

在充分肯定勃朗社会主义理论的同时，杜林却又对思想深度远超前者的马克思和恩格斯的社会主义学说，进行肆意的歪曲与恶意的攻击。他继续写道，马克思运用黑格尔辩证法——"概念和历史的形态变化把戏"①——所阐释的社会主义，注定只是一种软弱无力的、不能改善社会现状的社会主义。生产力的不断扩大始终有利于劳动力的使用，以及工人之间的利益一致，都使得工资很难长期压低到仅仅维持工人最低生活的水平。因此，马克思把生产资料和生活资料转变为社会所有制，归结为由资本集聚和劳动剥削的不断加剧而导致的向社会主义的转化，究其实为一种没有实质内容的故弄玄虚和不作为。这种"清静的无为主义"，终将致使本应具有明确方向的社会发展，被"概念的辩证自我游

---

① Dühring: *Kritische Geschichte der Nationalökonomie und Socialismus*. 1. theilw . umgearb . Aufl. Berlin 1871. S.225.

戏"所摆布从而停滞不前。这种道路"对于各国人民来说就是死亡……苟安于敌对双方的极端紧张状态之中，就是昏庸无能的标志，就是纵容腐败不堪的本性的标志"①。面对这般无端的指责，恩格斯必然要对杜林进行回应与批判。

---

① Dühring: *Kritische Geschichte der Nationalökonomie und Socialismus*. 1. theilw . umgearb . Aufl. Berlin 1871. S.530.

第三章

马克思主义理论体系的总体概述

　　批判对象所涉猎的理论领域的广泛性，极容易导致批判自身"迷失"于各种"细枝末节"的观点中，无法梳理清楚其中的内在逻辑，以致完全为"内心冲动"所左右、纯粹为了批判而批判，最终失去批判之根本目的。有鉴于此，恩格斯在《反杜林论》中撰写了"引论"，不仅描绘了马克思主义理论体系的总体图景，而且以科学社会主义从空想到现实的转变为主线，阐释了马克思主义理论体系的各组成部分之间的内在联系，揭示出杜林的理论体系的实质，有效地避免了以另一个体系去同杜林理论体系相对抗的假象。

第一节　从思想论战向理论正面阐述的转变

如何对已经产生的理论成果作体系化的建构，其难度不亚于创立新的思想。体系建构者一方面须忠实于理论创立者的思想原貌，从错综复杂的阐述中厘清基本脉络、归纳主要意旨、概括重要逻辑；另一方面要通过大众化的语言形式而又不能降低思想的深度，使工人阶级能够正确运用马克思主义哲学来解决现实运动的问题。此时，纯粹的理论分析抑或漫谈式的摘录评述，都难以较好地达成上述目的，唯有诉诸对理论体系的总体的正面阐述。

为此，恩格斯作了大量的工作，他在《反杜林论》中固然不得不按照杜林理论体系的主要内容逐一作条分缕析的批判，呈现出与杜林的著作极其不相称的篇幅。但是，他的最终结果并非不同体系之间的形式对立，而是作为本质的内容的重新阐释。易言之，理论体系的批判与建构是相辅相成的。哪怕批判最初是消极的、被动的，也会逐渐具有积极的、主动的性质。与此同时，与批判对象之间的思想论战，也成为关于理论体系的比较连贯的正面阐述。正如恩格斯对读者反复告诫的那样，要注意《反杜林论》中提出的各种具有较为普遍的理论价值或实践意义的问题，以及它们之间的内在联系。① 广大读者"对论战中所作的正面阐述感兴趣，因而愿意了解现在在许多方面已经失去对象的同杜林观点的论战"②。

从"消极的批判"向"积极的批判"的转变，亦即思想论战变成对"辩证方法和共产主义世界观的比较连贯的阐述"③，绝不是批判的越详尽越好，而是以对批判对象及其理论体系的实质的整体把握为前提。因此，恩格斯在《反杜林论》"引论"的第二部分"杜林先生许下了什么诺言"中，对杜林理论体系的实质作了鞭辟入里的剖析。

在杜林引以为傲的"共同社会"体系中，哲学的自然体系是优先于社会经济学和社会改革论的，尽管《国民经济学和社会主义批判史》和《国民经济学和社会经济学教程》的创作要早于《哲学教程》。关于这一点，恩格斯有着极为清楚的认识，提出首先感兴趣的主要是《哲学教程》。他分析说，杜林在《哲学教程》"导言"中，看似强调回答何谓哲学的基本问题的意义，实际上却是一种自我褒扬，自诩为当代乃至可预见的未来的唯一真正哲学家，甚至大言不惭地宣布"发现了最后的终极真理"：

---

① 参见《马克思恩格斯选集》第 3 卷，人民出版社 2012 年版，第 380 页。
② 《马克思恩格斯选集》第 3 卷，人民出版社 2012 年版，第 383 页。
③ 《马克思恩格斯选集》第 3 卷，人民出版社 2012 年版，第 383 页。

只要精神活动的本质还是一个重要的争议对象；只要观念力量的世界历史发展还没有把观念力量的决定性方面展现在人们面前，那么规定这种力量的深刻本质是什么以及这一力量要达到的目的，就成了要求在当代以及为了不久可以见到的这一力量的发展而代表这一力量的人一开始就必须说明的本职问题。①

这个如此绝对的判断何以可能姑且勿论，单从杜林前后不一的说法中就能驳倒它。既然哲学的自然体系或现实哲学，排除了深受主观倾向限制的世界观来理解现实：

可以把我的体系称之为自然体系或现实哲学（真正的哲学），因为它排除了人为的和违背自然的虚构，并且破天荒地使现实的概念成了一切观念的构思的标尺。我的体系是以这样的方式思考现实的：它可以排除梦幻式的和主观上受着限制的世界观的任何倾向。②

---

① [德] 杜林：《哲学教程——严密科学的世界观和人生观》，郭官义、李黎译，商务印书馆1991年版，第1页。并参见《马克思恩格斯选集》第3卷，人民出版社2012年版，第403页。

② [德] 杜林：《哲学教程——严密科学的世界观和人生观》，郭官义、李黎译，商务印书馆1991年版，第12页。并参见《马克思恩格斯选集》第3卷，人民出版社2012年版，第403页。

那么依据杜林自己所言，杜林的个人判断实际上就不能包含其中，从而无法确定"最后的终极真理"。

《哲学教程》"导言"中充斥着杜林"献给"自己的"颂辞之花"，诸如"强有力地实行变革""新的思维方式""完全独特的结论和观点""全神贯注的首创精神""穷根究底的研究""根底深厚的科学""全面透彻的思想""绝对基础性的东西"。无独有偶，他还把自己的社会经济学称作"具有伟大风格的历史记述"，并且实现了对政治经济学的"创造性的转变"；将其社会改革论中的构想誉为"唯一可以取代过去全部所有制形式的社会结构"，声称"未来的社会发展必定以此为目标"。这些大而无当的辞藻足以令人生疑：杜林究竟是哪个领域的"大家"？这个"非同寻常"的人究竟作出了怎样巨大的思想贡献，才能匹配这般极高的自评？

事实上，任何一位寻常的哲学家、政治经济学家或者社会主义者，都绝不会对其理论自吹自擂，而是在系统阐明自己的观点后交由历史的发展来评价。杜林之所以"声称自己和教皇一样没有谬误的"，就在于拉大旗作虎皮，让受众无条件地接受他的理论体系。易言之，"如果人们不愿意受最可恶的异端邪说的迷惑，那就只好干脆接受他的唯一能救世的学说"①。恩格斯继续评

---

① 《马克思恩格斯选集》第3卷，人民出版社2012年版，第405页。

述道，相较于当时德国的一些社会主义者用诚恳客观的态度来弄清社会问题而言，杜林宣布拥有唯一正确真理的做法是不可取的。前者虽在研究上和表达上存在着一定的缺陷，其解决问题的意愿却是值得赞许的；后者则由于自认为拥有"最后的终极真理"和唯一严格的科学性，拒斥其他任何——哪怕是对他的学说有益的——意见和方法。对于杜林的这种极端的独断主义的实质，列宁的如下说法无疑是一针见血的："在市场上常常可以看到一种情况：那个叫喊得最凶的和发誓发得最厉害的人，正是希望把最坏的货物推销出去的人。"①

理论的创新绝不意味着对思想先驱和理论同辈的全盘否定。可是，自我标榜具有首创精神的杜林却目空一切。恩格斯指出，除了康德等少数几人得到杜林的"恩赦"，其他的大哲学家均招致"无妄之灾"：在康德之前，连莱布尼茨这位哲学"侍臣"中的"佼佼者"，均缺乏任何优良操守；紧跟康德的"模仿者"，不论是费希特和谢林所"绘制"的"愚昧的自然哲学奇谈的古怪漫画"，还是黑格尔利用"热昏的胡话"与粗制滥造的手法"制造"的"瘟疫"，都被挖苦为一无是处的下品。自然科学家也好不到哪儿去，达尔文主义竟然被杜林贬抑到"变态术""与人性对抗的兽性"的地步。

---

① 《列宁全集》第20卷，人民出版社1958年版，第294页。

最倒霉的当属社会主义者，他们中的绝大多数都在杜林眼中沦为思想及品行方面的"罪人"，唯独勃朗这个"最微不足道的人"得以"幸免"。在将19世纪空想社会主义的集大成者圣西门、傅立叶和欧文"鉴定"为"社会炼金术士"之后，杜林又"按捺不住"给他们分别冠以"宗教受害者""疯子""白痴"的称呼。杜林在对和他处于同时代的社会主义者评述方面更是不一而足，从他关于马克思的论断中可见一斑。举凡"理解力褊狭""没有长远意义""体系建构能力薄弱""思想不成体统""充满下流习气的语言""历史幻想和逻辑幻想的杂种""蛊惑人心的辞令""卑劣的手法""舞文弄墨的蠢货""哲学和科学上的落后"，等等。

由此可见，杜林"许下的承诺"无非是一种狂妄无知，即通过全盘否定他人来肯定自我而已。这就是"这位一切时代最伟大的天才"所谓的"讲究措辞的谨慎而又真正谦虚的表达方法"①，真是可笑！

第二节　科学社会主义创立前的理论表现

那么，马克思和恩格斯所主张的"辩证方法和共产主义世界

---

① 《马克思恩格斯选集》第3卷，人民出版社2012年版，第408页。

观"究竟是什么呢？在《反杜林论》"引论"的第一部分"概论"中，恩格斯从理论来源、哲学基础、决定因素这三个方面，对科学社会主义作了整体的阐释。值得注意的是，对社会主义从空想到科学的过程的揭示，并非只就科学社会主义本身而谈，而是蕴含着马克思主义的三个有机组成部分之间的内在联系。

不言而喻，任何理论的产生都是一定的社会条件综合作用的结果。恩格斯指出，"现代社会主义"即科学社会主义从本质上来说，首先是对资本主义社会中的阶级对立（无产者和有产者之间、资本家和雇佣工人之间），以及社会生产的普遍无政府状态，进行综合考察的结果。就其形式而言，它最初表现为对18世纪法国启蒙思想家所提出的各种原则的进一步发展。包括伏尔泰、卢梭、狄德罗、爱尔维修、霍尔巴赫等在内的18世纪法国启蒙思想家，作为1789年法国大革命的精神启发者，本身都是极具革命性的。他们普遍强调思维着的知性（理性）的决定作用，彻底批判以往的一切传统观念、社会形式、国家制度等不符合理性原则的事物，从而建立起一个理性的王国。

关于上述理论形式的发展过程，黑格尔作了恰如其分的概括——"世界用头立地的时代"。恩格斯认为，黑格尔的这句话最初意指原理是现实的基础，也就是说，原理这一人的头脑思维的产物，要求成为实现个人全部活动同人类社会相结合的最终决定者。尔后，这句话又具有了更为广泛的外延："同这些原理相矛盾的现实，实际上都被上下颠倒了。"① 迷信、非正义、特权、压迫等过去的一切不合理之物，皆将被永恒的真理和正义、自然的平等、真正的人权所取代。正所谓社会存在决定社会意识，18世纪法国启蒙思想家终究无法摆脱自己所处的时代的限制，他们所推崇的理性王国不过是资产阶级理想化的社会形态。其中，永恒正义只适用于资产阶级司法的范围，生而平等实乃法律形式上的资产阶级的平等，资产阶级的财产权被归结为最基本的人权之一，理性国家在实践中只能表现为资产阶级民主共和国。

虽然理性王国的构想无法克服资产阶级自身的局限，但是资产阶级在同封建贵族的斗争中，有理由自认为代表着当时全部受压迫阶级的利益。一方面，除了封建贵族同资产阶级之间的对抗，当时还存在着剥削者与被剥削者、富人阶级和劳动阶级之间的普遍对立。另一方面，资产阶级和无产阶级是相伴而生的，随着中世纪行会师傅（作坊主）发展为现代资产者，行会帮工及行会外的短工就变成无产者。换句话说，没有雇佣工人便没有资本家。在恩格斯看来，资产阶级所谓的普遍代表性，绝不意味着无产阶级及其运动不具有独立性。相反，每一次大的资产阶级运动中，都有不同程度的无产者的革命暴动，尽管无产阶级彼时仍处于不成熟阶段。例如，16世纪德国宗教改革时期的闵采尔派农

---

① 《马克思恩格斯选集》第 3 卷，人民出版社 2012 年版，第 776 页。

民起义，17 世纪英国资产阶级革命时期的掘地派运动，18 世纪法国大革命时期的巴贝夫平等派运动。相应之下，还产生了一定的理论表现，即空想社会主义。

空想社会主义的产生和发展是一个漫长的历史过程。恩格斯将它分为三个主要阶段：一是 16 世纪至 17 世纪关于理想社会制度的空想描写，其标志性成果为莫尔的《乌托邦》（1516）和康帕内拉的《太阳城》（1623），通过充分揭露封建制度的黑暗和资本主义原始积累的罪恶，主张建立没有剥削和私有财产的、人人按照共同劳动分配的理想社会。二是 18 世纪中以莫莱里和马布利为代表的直接共产主义理论，不仅要求将平等从政治权利扩大到个人社会地位的各个方面，而且主张消灭阶级差别本身而非形式上的阶级特权。三是 19 世纪的圣西门派、傅立叶派和欧文派所代表的最高发展阶段。与之前的阶段相比，空想社会主义的最高阶段，由于以旧的唯物主义为起点并产生于资本主义的现实基础上，具有更多的合理性。正如恩格斯所说："欧文在资本主义生产最发达的国家里，在这种生产所造成的种种对立的影响下，直接从法国唯物主义出发，系统地阐述了他的消除阶级差别的方案。"①

但与此同时，圣西门派、傅立叶派和欧文派有着十分明显的

---

① 《马克思恩格斯选集》第 3 卷，人民出版社 2012 年版，第 393 页。

局限性。恩格斯继续分析说，这些人和 18 世纪法国启蒙思想家一样，不仅宣称要解放全人类，自认为不是代表当时已产生的无产阶级的利益；而且试图建立理性的和永恒正义的王国，只不过这个王国将启蒙思想家的理性王国和封建制度及其以前的全部社会制度一道"抛到垃圾堆里去"。更有甚者，这些空想社会主义者还陷入了唯心主义的幻想。囿于其时资本主义生产方式不够发达，从而无产阶级与资产阶级的矛盾尚未激化，他们只得诉诸所谓真正的理性，希冀于个别天才人物已经出现并认识到永恒的真理。究其实，这种典型的唯心主义历史观是英法社会主义者和德国最早一批社会主义者的共同见解。社会主义对于他们是绝对真理、理性和正义的"化身"，并且一经被发现就能用以征服整个世界。

然而，天才人物发现永恒真理终究只是一种纯粹的偶然现象，并非历史发展过程中的必然事件。同样，绝对真理、理性和正义在何时何地被揭示出来，也纯粹是偶然的事情，因为它们不依赖于时空与历史的发展。不仅如此，绝对真理、理性和正义的绝对性中还包含着相对性，它们的具体形式由于受其发现者的生活条件、知识能力和思维水平所决定，在不同的社会主义流派中表现迥异。为了解决这种绝对性与相对性并存的矛盾，这些社会主义者只好采取折中的办法，任由它们互相磨损为一种不伦不类的社会主义，甚至走向科学社会主义的对立面。由此可见，使社会主义变为科学，必须首先打破唯心主义历史观的束缚，扬弃旧的唯物主义世界观，通过现代唯物主义来重新建立现实基础。这种"新唯物主义"就是由唯物辩证法和唯物史观组成的马克思主义哲学。

第三节 唯物辩证法的产生及其基础作用

既然空想社会主义的理论要害在于唯心史观，那为何恩格斯没有自然而然地接续阐释唯物史观的意义，转而谈论唯物辩证法的产生过程和基础作用呢？原因就在于唯物史观的发展和运用离不开对辩证法的吸收和改造。对此，恩格斯曾在《社会主义从空想到科学的发展》中作过专门的说明："科学社会主义本质上就是德国的产物，而且也只能产生在古典哲学还生气勃勃地保存着自觉的辩证法传统的国家，即在德国。唯物主义历史观及其在现代的无产阶级和资产阶级之间的阶级斗争上的特别应用，只有借助于辩证法才有可能。"①

在各种思维形式中，辩证法无疑是最高的一种，它是人们正确认识自然界、人类社会和精神活动及其发展规律的基础。与辩

---

① 《马克思恩格斯选集》第 3 卷，人民出版社 2012 年版，第 746—747 页。

证法相对立的则是近代以来的形而上学思维方式。为了揭示这两种思维方式的实质从而辩明它们之间的优劣，恩格斯作了简要的思想史回溯。

当人们运用思维能力对自然界、人类社会和精神活动进行考察时，首先呈现出来的是一切事物相互联系和相互作用的交织场景，其中的任何东西都在运动和变化、产生和消失。恩格斯指出，这种原始的和朴素的但实质上正确的辩证法思想，可以追溯至古希腊时期。古希腊哲学家赫拉克利特的名言"人不能两次踏进同一条河流"，就是对"万物皆动"这一朴素辩证法思想的最早诠释。此后，亚里士多德专门探究了辩证思维的最主要形式，即对立物之间的相互联系和相互转化。当然，原始朴素的辩证法思想不可避免地带有一定的局限性，它固然揭示出万事万物所构成的整体联系的现象及其一般性质，却没有对具体事物加以详细说明。把具体事物从自然的或历史的联系中抽出来，分别研究它们的特性、原因和结果等，这首先是自然科学和历史学的任务。这些研究部门因古希腊人在收集材料方面的困难而居于从属地位。

真正意义上的自然科学要始于 15 世纪中叶，尽管亚历山大里亚时期（公元前 3 世纪至公元 7 世纪）就已经出现精确的自然科学研究，并且在中世纪一直被阿拉伯人所延续下去。恩格斯继续写道，真正的自然科学的巨大进步意义在于，将自然界的有机体分解为各个部分，对各种自然对象和自然过程作分门别类的研究。但是，这种做法也带来了过犹不及的后果：不是从联系的而是从孤立的观点，不是从运动的而是从静止的状态，不是从变化的而是从不变的实质，去考察各个自然物和自然过程。

随着这个考察方式被人从自然科学中移植到哲学中，变成以培根和洛克等人所主张的经验论方法，就形成了影响欧洲思想界数世纪的形而上学思维方式。相形之下，近代哲学中虽有颇具辩证法造诣的笛卡尔与斯宾诺莎的"自因"说，也产生了狄德罗《拉摩的侄子》和卢梭《论人类不平等的起源》等辩证法杰作，却始终无法撼动形而上学思维方式的支配地位。

形而上学思维方式的典型特征为非此即彼，也就是"在绝对不相容的对立中思维"①。形而上学者认为，一个事物要么存在，要么就不存在，更不能同时是自身又是别的东西。乍看起来，这种思维方式非常符合常识因而极具可信性，并且可以适用于相当广泛的、大小不同的领域。可是，它一旦超过了适用范围，便会变得片面、狭隘和抽象，乃至陷入不能解决的矛盾中。原因很简单，就是形而上学思维方式只见区别而不见联系、只见存在而不见变化、只见静止而不见运动、只见局部而不见整体。如果深究一个事物是否存在，极容易发现这绝非易事，例如人工流产是否

---

① 《马克思恩格斯选集》第 3 卷，人民出版社 2012 年版，第 396 页。

算作谋生始终是没有定论的难题。一个人何时死亡压根无法得到精准计算，正负之间总是彼此相依、互相渗透，原因和结果在不同的场合可以完全颠倒……所有这些形而上学思维不能解释的、容纳不下的现象和过程，恰好证明了辩证法的正确性。正如恩格斯所说："辩证法在考察事物及其在观念上的反映时，本质上是从它们的联系、它们的联结、它们的运动、它们的产生和消逝方面去考察的。"①

自然界是检验辩证法的"试金石"。现代自然科学的发展所提供的丰富材料，充分佐证了自然界的一切归根结底是辩证地发生的。为了精确地描述客观世界和人类社会的发展，获得相关的正确认识，辩证法取代形而上学思维方式是必然的趋势，其主要产物即为德国古典哲学。作为德国古典哲学的创始人，康德在《自然通史和天体论》（中译本叫《宇宙发展史概论》）中，提出了太阳系起源的星云假说。他的基本设想是：宇宙空间最初充满了细小的物质微粒，在万有引力的作用下，较大的颗粒将较小的颗粒吸引过来，逐渐集聚成为巨大团块并最终成为引力中心体即太阳；与此同时，在斥力的作用下，一些向引力中心运动的颗粒始终无法到达它，久而久之就集聚而成为围绕引力中心作圆周运动的行星。对引力和斥力之间相互作用的描绘，实属辩证法的典

---

① 《马克思恩格斯选集》第3卷，人民出版社2012年版，第397页。

型表现。为此，恩格斯将康德的星云假设誉为"从哥白尼以来天文学取得的最大进步"，指出康德"用很科学的方法"在"形而上学思维方式的观念上打开了第一个突破口"①。

在康德哲学之后，黑格尔哲学体系实现了德国古典哲学的集大成。恩格斯认为，黑格尔的伟大功绩，或者说黑格尔哲学的最大"遗产"，就在于辩证的思维方式，以及将整个自然的、历史的、精神的世界描述为一个不断运动、变化和发展的过程，并试图揭示这个过程的内在联系。黑格尔辩证法所具有的巨大历史感，也就是把人类历史视为人类本身的发展过程，批判了形而上学思维方式下的"暴力行为"历史观，即历史及其联系是由暴力造成的。相应之下，思维的任务就转变为透过一切迷乱现象和表面的偶然性，探索历史发展的各个阶段及其内在规律性。

然而，受其个人知识的必然的有限性、所处的整个时代的知识和见解的有限性，以及个人唯心主义立场（把现实的事物和过程看作是观念的抽象反映）等方面的限制，黑格尔哲学同时也是体系建构的一次巨大的、最后的"流产"。用恩格斯的话说，"就哲学被看做是凌驾于其他一切科学之上的特殊科学来说，黑格尔体系是哲学的最后的最完善的形式。全部哲学都随着这个体系没落了。"② 它包含着一个根本不能解决的内在矛盾：将人类历史视

---

① 《马克思恩格斯选集》第 3 卷，人民出版社 2012 年版，第 433 页。
② 《马克思恩格斯选集》第 3 卷，人民出版社 2012 年版，第 398 页注释①。

为不会因所谓绝对真理的发现而结束的无止境过程，却又自认为是绝对观念的化身。

　　基于对德国古典哲学颠倒观念与现实的真正关系的谬误的深刻认识，现代唯物主义——一种同 18 世纪的纯粹形而上学的机械唯物主义具有本质区别的"新唯物主义"——产生了。要言之，黑格尔辩证法必然要被唯物辩证法所代替。恩格斯进一步指出，现代唯物主义在历史观上和自然观上无不显现出辩证的本质，它不仅彻底批判了形而上学的思维方式，而且真正实现了对唯心主义和旧唯物主义的双重超越：一方面，与形而上学思维方式用"天真的革命精神"否定全部人类历史的做法相反，现代唯物主义在把历史归结为人类发展过程的前提下，以探索历史运动规律为任务。另一方面，与 18 世纪法国旧唯物主义和黑格尔哲学将自然界理解为永恒不变的循环运动的整体相反，现代唯物主义主张自然界也具有历史性，其一切皆为有生有灭的过程。唯物辩证法的产生，意味着以往的凌驾于其他科学之上的那种哲学的终结，因为它要求每门科学都弄清楚自己在事物及其相关知识的总联系中的地位。这样一来，在以往的全部哲学中能够独存的，只有关于思维及其规律的学说即形式逻辑和辩证法，其他的一切皆可纳入关于自然和历史的实证科学的范围。

第四节　唯物史观和剩余价值学说的意义

克服空想社会主义的局限性、用唯物辩证法取代黑格尔辩证法，并不足以促使科学社会主义的最终形成。之所以如此，是因为现代唯物主义在自然观和历史观上实现变革的方式的不同。"自然观的这种变革只能随着研究工作提供相应的实证的认识材料而实现，而在这期间一些在历史观上引起决定性转变的历史事实却老早就发生了。"① 因此，唯物史观的创立和剩余价值的发现，是社会主义从空想到科学的最后的决定因素。

唯物主义历史观的产生，离不开一定的社会历史条件即新的历史事实，特别是阶级斗争的事实，例如 1831 年法国里昂工人起义和 1838—1842 年英国宪章运动。恩格斯分析说，随着大工业和资产阶级统治的发展，无产阶级和资产阶级之间的阶级斗争的历史地位不断上升。在这样的历史事实面前，资产阶级政治经济学中的"劳动和资本利益一致说"和"自由竞争普遍福利说"，都令人信服地被证明为谎言。诸如此类的哄骗无产阶级的工具皆应彻底抛弃。此时，英国和法国社会主义学说作为工人运动的理论表现，绝不能再置若罔闻。由于深受唯心主义历史观的影响，

---

① 《马克思恩格斯选集》第 3 卷，人民出版社 2012 年版，第 400 页。

这些学说根本不知道物质利益和基于物质利益的阶级斗争，只能把包括生产关系和交换关系在内的一切经济关系，当作文化史的从属因素来顺带提一下。

一旦人们基于新的事实对以往的全部历史进行重新研究，就会不难发现：（1）过去的全部历史都是阶级斗争的历史；（2）阶级及阶级斗争皆为自己时代的经济关系的产物；（3）经济基础决定上层建筑。这就是恩格斯从社会存在决定社会意识的角度，对唯物史观基本思想所作的概括。为清楚起见，在此将恩格斯的表述摘录如下："以往的全部历史，都是阶级斗争的历史；这些互相斗争的社会阶级在任何时候都是生产关系和交换关系的产物，一句话，都是自己时代的经济关系的产物；因而每一时代的社会经济结构形成现实基础，每一个历史时期的由法的设施和政治设施以及宗教的、哲学的和其他的观念形式所构成的全部上层建筑，归根到底都应由这个基础来说明。"[1]

唯物史观的创立，将唯心主义从其最后的"避难所"即历史观中彻底驱除出去。此后，马克思和恩格斯进一步将唯物辩证法和唯物史观结合起来，用以分析和批判资本主义生产方式及其后果，创立了剩余价值学说。恩格斯指出，剩余价值是资本家借以不断增加手中资本量的价值的来源，资本家即使按照真实价格来

---

[1]　《马克思恩格斯选集》第3卷，人民出版社2012年版，第401页。

购买工人的劳动力，也能够从这种劳动力中榨取多余的价值。剩余价值的发现，不仅说明了资本主义生产方式的历史联系，以及它在一定历史时期存在和最终灭亡的必然性；而且揭露出隐藏在于资本主义生产方式中的剥削本质，即这种生产方式本身和通过它对工人进行剥削的基本形式是对无偿劳动的占有。相形之下，以往的社会主义学说虽然对资本主义生产方式及其后果进行了批判，但是并未揭示出这种生产方式的历史性和剥削本质，故而只能简单地把它当成坏东西扔掉便草草了事。由此可见，剩余价值的发现的意义就在于，完成了社会主义从空想到科学的最后的一块"拼图"。

行文至此，再对恩格斯的论证过程梳理如下："现代社会主义"的最初表现→18世纪资产阶级理性王国构想的局限性→空想社会主义的产生和发展过程→空想社会主义的局限性→辩证法和形而上学思维方式的对立→唯物辩证法取代黑格尔辩证法的必然性→唯物史观的创立与作用→剩余价值的发现及其意义。不难看出，科学社会主义、马克思主义哲学和马克思主义政治经济学已经全部"登场"，并且通过相互联系和相互作用成为一个完整的科学体系。那么，接下来的首要任务即为"对这门科学的一切细节和联系作进一步的探讨"①。

---

① 《马克思恩格斯选集》第3卷，人民出版社2012年版，第402页。

第四章

对杜林哲学体系的全方位批判

　　鉴于杜林哲学体系在整个"共同社会"体系中的理论基石作用，揭露杜林哲学体系的实质，对其主要组成部分逐一进行翔实的批判，成为摆在恩格斯面前的首要任务。他不仅需要批判杜林哲学体系本身，而且必须结合这种批判来审视杜林的社会经济学和社会主义改良论。就重要程度和理论难度而言，全方位批判杜林哲学体系并不亚于正面阐述马克思主义哲学体系。这项工作的完成，绝不是将杜林的"无稽之谈"和"大吹大擂"① 全部罗列

---

① 《马克思恩格斯选集》第 3 卷，人民出版社 2012 年版，第 524 页。

出来并加以批判，更不是按照《哲学教程》的叙述顺序 ① 来详细批驳，而是对杜林哲学体系的理论实质、基本原则、主要观点和内在逻辑的提炼与把握。遵循上述思路，恩格斯在《反杜林论》"哲学编"中，从揭示杜林哲学体系的先验主义本质出发，既分别驳斥了杜林的世界模式论、自然哲学、道德哲学和国家哲学，也批判了杜林对辩证法的贬低与歪曲。

---

① 为便于读者了解杜林哲学体系的主要结构，在此将杜林在《哲学教程》所写的"内容提要"摘录如下（参见［德］杜林：《哲学教程——严密科学的世界观和人生观》，郭官义、李黎译，商务印书馆 1991 年版，第 2—17 页）：

导　言　一、哲学的意义；二、要素和自然体系。

第一篇　存在的基本形式　第一章　对世界的基本认识；第二章　存在的逻辑特性；第三章　和思维的关系。

第二篇　自然知识原理　第一章　出发点；第二章　宇宙的基本规律；第三章　有机物的发展规律。

第三篇　意识的要素　第一章　感觉和知觉；第二章　冲动和激情；第三章　知性和理性。

第四篇　伦理、正义和高尚的人格　第一章　道德的基本法则；第二章　天然的法律观；第三章　高尚的人类模型。

第五篇　社会和历史　第一章　自由社会；第二章　历史观与文明。

第六篇　生活的个人化和生活价值的提高　第一章　悲观主义的原因；第二章　评生活要素；第三章　生活乐趣的发展与提高。

第七篇　一切集体活动的社会化　第一章　生理的和物质的生活；第二章　思想建设。

第八篇　新旧社会中的科学和哲学　第一章　历史经验；第二章　当前的状况；第三章　改造的基础。

跋　现实哲学的研究与发展。

第一节　杜林哲学体系的先验主义本质

"先验"是与"经验"相对的、又区别于"超验"的概念，它通常意义上指先于经验（"先天"）又使经验知识得以可能的东西，而不是对所有经验的超越。先验主义作为一种哲学思潮，探讨的是一种对先天可能之对象的普遍认识方式，而不是对象本身。要言之，先验主义者强调知识或原则对外部世界的优先性。只需首先比照杜林在哲学的定义和分类中对原则的高度重视，就不难发现其哲学体系的先验主义本质：

> 哲学，在更广泛的意义上说来还包括一切知识和意愿的原则……哲学所关心的原则，不是某一系列知识和某一类事物的任意的、相对的发端，而是简单的或迄今被想象为简单的成分。这些成分可以构成各种各样的知识和意愿。
>
> 这样，在我们的材料整理上就自然而然的分成了三部分，这就是：一般的世界模式论，关于自然原则的学说，以及最后关于人的学说。在这个序列中，同时也包含某种内在的逻辑次序，因为适用于一切存在的那些形式的原则走在前面，而应当运用这些原则的对象的领域

则按其从属次序跟在后面。①

对于理论批判而言，揭示批判对象的前后不一、自相矛盾是最有效的"武器"之一。如果进一步追问思维是如何获取这些原则的，就会看到杜林哲学体系中的各种矛盾的地方。恩格斯指出，杜林一方面强调原则先于自然界和人类社会而存在，另一方面却承认纯粹观念的领域只包括形式逻辑和数学结构②，因而思维无法从其自身中得到原则，只能从外部世界中引出这些原则。然而，关于事物的唯一的唯物主义观点是："原则不是研究的出发点，而是它的最终结果；这些原则不是被应用于自然界和人类历史，而是从它们中抽象出来的；不是自然界和人类去适应原则，而是原则只有在符合自然界和历史的情况下才是正确的。"③为了掩盖矛盾和避免质疑，杜林只得诉诸先验主义的观点，把思维和存在、意识和自然、观念和现实的全部关系都颠倒过来，可他本人却又同时宣称现实哲学"有别于先验的，或曰包括着上帝、

① ［德］杜林：《哲学教程——严密科学的世界观和人生观》，郭官义、李黎译，商务印书馆 1991 年版，第 7、13 页。并参见《马克思恩格斯选集》第 3 卷，人民出版社 2012 年版，第 409 页。

② 参见［德］杜林：《哲学教程——严密科学的世界观和人生观》，郭官义、李黎译，商务印书馆 1991 年版，第 39 页。

③ 《马克思恩格斯选集》第 3 卷，人民出版社 2012 年版，第 410 页。

灵魂和天命的伪哲学"①。

　　颇具讽刺意味的是，从原则出发逻辑地构建出整个外部世界的"集大成者"，正是饱受杜林批判的、被他完全瞧不上的黑格尔。杜林哲学体系和黑格尔哲学体系，在分类方式上具有高度的一致性。首先，杜林的一般的世界模式论在黑格尔那里叫作逻辑学；其次，他们把逻辑模式或逻辑范畴应用于自然界来得出自然哲学；最后，这些原则或范畴在人类社会的应用，被他们分别称为关于人的学说和精神哲学。由此可见，这位"最后的终极真理"的唯一占有者，不外乎是一个拙劣的模仿者。

　　除了掩盖理论矛盾，杜林将观念世界作为全部现实的基础的动机，还在于世界模式论是其整个哲学体系的基础。恩格斯继续写道，如果按照唯物主义的观点，指明关于存在的原则从根本上源自实际存在的事物，那么人们为此所需要的就不是杜林所说的那种哲学，即"世界和生活的意识的最高发展形式"②，而是关于世界及其发展的实证知识；由此产生的也不是哲学的自然体系，而是实证科学。

　　诚然，关于世界及其发展的普遍联系的认识，推动着科学的

---

① ［德］杜林：《哲学教程——严密科学的世界观和人生观》，郭官义、李黎译，商务印书馆 1991 年版，第 44 页。

② ［德］杜林：《哲学教程——严密科学的世界观和人生观》，郭官义、李黎译，商务印书馆 1991 年版，第 2 页。

持续进步去证明这种普遍联系。换言之，世界的变化发展及普遍联系，促使人们对自然界和人类社会的认识不断深化。但是，对这种联系形成完整的科学陈述、对整个世界形成精准的思想映像，却是在任何时代都做不到的事情。每一个思想映像的形成，始终受到历史环境的客观因素限制，以及得出该映像的人的主观因素的限制。以上就是人们如今所耳熟能详的"认识的有限性和无限性的矛盾"。在恩格斯看来，这种矛盾作为"所有智力进步的主要杠杆"①，在人类的永续发展中虽日益得到解决却永无止境，否则人的认识领域就此终结，未来的历史发展亦全部中断。因此，"包罗万象"的哲学的自然体系，只是一种荒唐的想法和纯粹的胡说。"排除梦幻式的和主观上受着限制的世界观的任何倾向"②的杜林，非但无法完成科学的任务，反而封闭了科学未来发展的一切道路。

从杜林对纯数学和数学公理的解释中，也能得出杜林哲学体系的先验主义特质。此时，他再次陷入了同样的自相矛盾：在世界模式论中强调纯数学产生于思维领域，有着不依赖于特殊经验和现实世界的内容，因为"数学思维活动首先单独依靠它自己所

---

① 《马克思恩格斯选集》第3卷，人民出版社2012年版，第412页。
② ［德］杜林：《哲学教程——严密科学的世界观和人生观》，郭官义、李黎译，商务印书馆1991年版，第12页。

创造的充分的客体"①；在自然哲学中却承认纯数学只在形式上是观念的，其内容来自于外部世界，要在数的概念或形的概念真正构成自然界时，确定它们中完全经验的东西②。

纯数学虽具有脱离个人经验而独立的意义，却不是思维的产物，而是从现实世界中得来的。恩格斯对此分析说，纯数学的研究对象是现实世界的数量关系和空间形式，只不过这些非常现实的材料以概念的形式出现而已。其中，数的概念的形成，需要兼具计算对象和计算能力。尽管计算对象有时可能为某种不确定的猜想，但计算能力始终是长期的历史经验的结果。同样，形的概念也是从外部世界而非思维中得来的，它必须先有可供比较的一定形状的物体。和其他各门科学一样，数学也产生于人的需要。纯数学之所以后来被应用于现实世界，正是因为它"脱胎"于这个世界，并且只表现为外部世界的部分构成形式。若非如此，就没有纯数学在一定发展阶段上和现实世界的脱离，更不会具有相对的独立意义，也就是"作为世界必须遵循的外来的规律而同现实世界相对立"③。

因此，完全无视任何现实的材料，只从数学公理中推导出纯

------

① ［德］杜林：《哲学教程——严密科学的世界观和人生观》，郭官义、李黎译，商务印书馆 1991 年版，第 39 页。

② 参见 ［德］杜林：《哲学教程——严密科学的世界观和人生观》，郭官义、李黎译，商务印书馆 1991 年版，第 58 页。

③ 《马克思恩格斯选集》第 3 卷，人民出版社 2012 年版，第 414 页。

数学再把它应用于现实世界，是对思维和存在的关系的颠倒。恩格斯认为，杜林所谓的数学公理特别是定数律，即"借助单纯的逻辑观察而确定下来的自然规律"①，不过是思想极其贫乏的逻辑学知识。杜林为了证明这个规律所作的冗长且晦涩的论述，诸如"绝对的数量""绝对的价值""观念分割的无限性""现实存在的实际可分性"等②，可被归结为以下两个最简单的命题：第一，整体大于部分；第二，若两个数都等于第三个数则它们彼此相等。妄图用如此简单的抽象公式来解释整个现实世界，无异于痴人说梦。"为了继续前进，我们必须引入真实的关系。"③

第二节　世界统一于其存在性的错误及实质

　　整体审视杜林的世界模式论，从世界观的概念到存在的逻辑特性，再到存在和思维的关系，其目的在于由思维的统一性推导出存在的统一性，最终得出世界统一于它的存在性的唯心主义观点。于是，恩格斯开篇就直指世界模式论的理论"要害"，正如

---

　　① ［德］杜林：《哲学教程——严密科学的世界观和人生观》，郭官义、李黎译，商务印书馆1991年版，第59页。

　　② ［德］杜林：《哲学教程——严密科学的世界观和人生观》，郭官义、李黎译，商务印书馆1991年版，第59页。

　　③ 《马克思恩格斯选集》第3卷，人民出版社2012年版，第415页。

他所摘录的杜林在"对世界的基本认识"章中的如下论述：

> 包罗万象的存在是唯一的。没有任何东西能同自满自足的存在相并列或在它之上。……一切思维的本质就在于把意识的要素联合为一个统一体。……不可分割的世界概念的产生是通过综合的统一点，而不是通过独一无二的思维功能。而宇宙，就像这个词本身所表明的，被认为是这样一种东西：万物在其内部联合为一个统一体。①

在世界的统一性即世界的本原问题上，历来存在两种截然相反的主要观点，即一元论和二元论。其中，一元论主张世界统一于一个实体，但在这个实体是什么的问题上，产生了两种对立的观点：一种是唯物主义的观点，强调世间万物均统一于物质；另一种是唯心主义的一元论观点，强调世界的本原在于意识或精神。二元论则认为世界的本原是意识和物质两个实体，从而否认世界的统一性。

只要追问存在的唯一性如何转到它的统一性，就会发现杜林

---

① ［德］杜林：《哲学教程——严密科学的世界观和人生观》，郭官义、李黎译，商务印书馆 1991 年版，第 14—15 页。并参见《马克思恩格斯选集》第 3 卷，人民出版社 2012 年版，第 416 页。

世界模式论从属于唯心主义的一元论。恩格斯指出，这一过程在杜林看来可以在思想中得以实现。思维的统一性之所以成为存在的唯一性和世界的统一性的中介，只是因为"一切思维的本质就在于把意识的要素联合为一个统一体"。对这句话稍加分析，不难看出它是完全错误的观点。一方面，只注重思维的综合能力而忽视它的分析能力。然而，没有分析便没有综合。思维在把相互联系的要素联合为一个统一体的同时，也把意识到的对象分解为它们的要素。另一方面，颠倒了存在的统一性和思维的统一性的真实关系。存在的统一性是思维的统一性的前提。正是由于在意识的要素或其现实原型中已经存在着统一体，思维才能把这些要素综合为统一体。

综观杜林从思维的统一性到存在的统一性的过程——"我"从存在开始→"我"思考着存在→关于存在的思想是统一的→思维和存在是相互一致的→现实中的存在也是统一→任何彼岸世界和上帝都是不存在的，这种做法不过是对黑格尔逻辑学的"抄袭"；后者正是用思维和存在的同一性，来证明整个现实世界是绝对观念的产物。同样，杜林的上述做法非但不能作为证明上帝不存在的论据，反而和唯灵论如出一辙。中世纪神学家证明上帝存在的原则，正是思维和存在的同一性：在头脑中存在的东西在现实中也必然存在，"我"思考着上帝，所以上帝是存在的。

接下来再看杜林论证世界统一于它的存在性的基本思路。恩格斯对此摘录如下：

> 我们所想到的存在——宇宙，不是那种所谓的纯粹的存在，即不是自身等同的、应当没有一切特殊的规定性的、实际上仅仅是思想虚无或曰没有思想的对应物的存在；它也不是那种绝对没有变化的东西，……创造和变化，基本上是一个本质，两者同样都是可以理解的。

> 要求坚持无所不包的、自身等同的存在概念，和上面讲过的那种观念绝不矛盾。宇宙的观念永远是一个观念，并且是自身等同的，许多变化都能够在它的范围内得到设想。

> 变化不能仅仅被设想成为现象；变化是内在的现实。属和种，或者一般地说——一般和特殊，是最简单的区别方法，没有这种方法，就不能理解事物的状态。

> 和属相对立的是量的概念。这个量是同种的，其中再没有种的区别……量永远应该被设想成为可测度的，而且始终是有界限的。

> 只有有了质的飞跃，我们才能不管一切数量的渐进性从没有感觉的领域进入有感觉的领域；关于质的飞跃，假若我们可以用诗的语言来表达的话，我们似乎可以这样说：它和同一种特性的单纯的等级和层次有着无

限的差别。①

这样的一个结构，即纯粹的存在—真正的虚无→永恒的变化→较高阶段的存在→质（属、类）→量→度，再次被证明为对黑格尔逻辑学的照搬。众所周知，黑格尔逻辑学分为存在论、本质论和概念论。其中，存在论揭示了绝对精神在存在阶段的发展过程。它的起点是"纯粹的存在"，即一种人们感觉到存在着什么却又说不出是什么的东西。由此可见，"纯粹的存在"实际上是绝对的空虚和不具体，等于说是"纯粹的虚无"。于是，这两者的统一就成为包含着有和无的性质的"生成"即变化。"生成"的结果使得先前没有定型、尚未确定的东西，具有了一定的特性和确定的内容。这种存在的较高的、较充实的形式即为"定在"。"定在"又导致了"质"，"质"又转化为"量"；"量"在经过"纯量""定量""限量"之后过渡到"度"。"度"是"质"和"量"的统一，通过它可以实现"质"和"量"的互变。更为滑天下之大稽的是，杜林在对黑格尔存在论的结构作了不加修饰的抄袭，并且用从量到质的飞跃来解释感觉和生命的关系之后，居然将马克思引用黑格尔质量不变的观点指责为滑稽的行为。

① ［德］杜林：《哲学教程——严密科学的世界观和人生观》，郭官义、李黎译，商务印书馆 1991 年版，第 20—21、21、22、24、132 页。并参见《马克思恩格斯选集》第 3 卷，人民出版社 2012 年版，第 419、420 页。

杜林世界模式论中"存在的逻辑特性"的分析框架，则是直接抄袭了黑格尔逻辑学中的本质论的结构。他首先将"力量之对抗"即对立，归结为存在的首个基本逻辑特性；然后强调对立和矛盾的区别，以此证明矛盾不是存在的逻辑特性；最后论述必然性的固有特征、同一性和因果性的关系。[①] 正如恩格斯所说："黑格尔从存在进到本质，进到辩证法。在这里他研究反思的规定，它们的内在的对立和矛盾，例如正和负，然后就进到因果性或原因和结果的关系，并以必然性作结束。杜林先生也没有什么不同。"[②] 自诩"将人们从思想囹圄中完全解放出来"[③] 的杜林，却是完全在黑格尔逻辑学框架下阐释其世界模式论的，多么具有讽刺意味！

第三节 用逻辑思维复苏自然哲学的幻想

这里的自然哲学，是指用逻辑思维来解释自然界诸现象及其内在联系的理论体系。由于不可避免地受到当时客观条件和主观

[①] 参见 [德] 杜林：《哲学教程——严密科学的世界观和人生观》，郭官义、李黎译，商务印书馆 1991 年版，第 28、32 页。

[②] 《马克思恩格斯选集》第 3 卷，人民出版社 2012 年版，第 421 页。

[③] [德] 杜林：《哲学教程——严密科学的世界观和人生观》，郭官义、李黎译，商务印书馆 1991 年版，第 38 页。

认识的限制，以谢林和黑格尔为代表的一些哲学家，无法占有充足的科学材料，转而通过抽象原则来推导出关于自然界的知识体系。在 17 世纪和 18 世纪，自然哲学因推测出一些自然规律而大为流行，但是也提出了许多荒谬的见解。随着自然科学在 19 世纪的巨大进步，特别是细胞学说、能量守恒与转化定律、人类进化理论等重大发现，使得从整体上考察自然界各领域间的联系成为可能。马克思主义哲学的产生，进一步推动了运用辩证法即自然界自身的联系，来考察自然研究的结果，从而宣告了以观念来代替现实的自然哲学的终结。

在新的自然科学取代以往的自然哲学的必然趋势下，杜林表面看来强烈批判了以谢林所代表的自然哲学传统：

> 从前的自然哲学……同现代的精确的思维方式是一致的……但偶尔也蜕变成了混乱的、以无知为基础的伪诗词……当自然哲学在本世纪初，尤其是在德国的大地上，经常受到冷遇，并且成了一个叫谢林的人和诸如此类以绝对物的祭司自炫并迷惑公众的伙伴们的卖淫式的哲学清谈……至于谈到广大的公众，大家知道，在他们看来，比较大的江湖骗子的退隐，往往只是给比较小的，但是比较世故的后继者提供了一个用别的招牌重新端出前人的货色的机会。

但是，更为严重的危险不是来自某种混乱的、偶然性的丑闻……而是来自某些哲学家在研究真正的哲学时所犯下的轻率的急躁病。……哲学成了这时期的科学家们的特别明显的业余爱好……自然哲学似乎成了企图取得某一专业的领导权，而且从自己的特殊的寓所中感觉到了在囊括世界的观念的王国中游览乐趣的每一个人的第二职业。①

实际上，杜林仍旧幻想着复苏这样的自然哲学："用观念的、幻想的联系来代替尚未知道的现实的联系，用想象来补充缺少的事实，用纯粹的臆想来填补现实的空白。"② 因此，这种自相矛盾的逆历史潮流的幻想，势必受到恩格斯的严厉有力反驳。

按照杜林本人的理解，自然哲学应以把握研究现状、厘清核心概念和重释基本原则为起点，揭示宇宙的基本规律和有机物的发展规律。其主要观点有：（1）克服传统自然哲学的无知与混乱的状态，弥补纯实证主义在哲学知识方面的缺陷，将自然界解释

---

① ［德］杜林：《哲学教程——严密科学的世界观和人生观》，郭官义、李黎译，商务印书馆 1991 年版，第 52—53 页。并参见《马克思恩格斯选集》第 3 卷，人民出版社 2012 年版，第 422 页。

② 《马克思恩格斯选集》第 4 卷，人民出版社 2012 年版，第 252 页。

为"整个现实的完整内容，即一切可能性的承担者"①。（2）区分
纯数学（包括数量、时间、空间等）和机械（包括物质和机械力）
这两种认识自然的基本概念，明确定数律和它所产生的自然观。
（3）世界在时间上有开端、在空间上有界限。（4）纯数学概念唯
有在表达物质的机械关系时方具有真正意义，易言之，物质和机
械力是时间和空间的实际承担者。（5）物质的量具有不变性，物
质和机械力的统一是宇宙从不变到运动的中介。（6）从无机界向
有机界的发展，即简单的机械运动和有生命的思维活动的联系，
是量的积累而非质的飞跃。"当我们按照事物对于某一目的的贡
献大小，来区分事物的功能时，我们所说的低级和高级，才对发
展阶段具有意义。"②

其中，观点（1）和（2）已经被恩格斯——在批判世界模式
论和揭示杜林哲学的先验主义本质时——分别予以剖析。接下
来，恩格斯根据物质运动形式的发展顺序，即机械运动、物理运
动、化学运动和生物运动，围绕时间和空间的真正意义、物质和
运动的关系、从无机界向有机界的转化、生命的本质和起源等问
题，展开了与杜林之间的思想论战。

---

① ［德］杜林：《哲学教程——严密科学的世界观和人生观》，郭官义、李黎译，
商务印书馆 1991 年版，第 57 页。
② ［德］杜林：《哲学教程——严密科学的世界观和人生观》，郭官义、李黎译，
商务印书馆 1991 年版，第 95 页。

时间和空间是人们应用范围最广的、很多科学门类都涉及的一对概念。时间和空间的问题看似简单，实则意义重大。它体现着人们对世界本原的孜孜以求，表征着人类认识的历史性和相对性。恩格斯指出，时间的永恒性和空间的无限性，在最简单的字面意义上是指"没有一个方向是有终点的"①，和无限数列的无限性绝非同一回事。杜林将"没有矛盾地加以思考"②的无限性的最明显形式，归结为数在数列中的无限积累，用无限数列来规定时间和空间的有限性，赋予它们"一个既定的发展方向，但不是朝着已流逝的相反方向"③，显然是一种谬论。杜林所谓的定数律，不过是对康德的首个二律背反的一字不落的抄袭，并且仅仅照搬了正题（世界在时间上和空间上是有限的），完全抛弃了反题（世界在时间上和空间上是无限的）。更有甚者，这个"高明"的抄袭者还大言不惭地嘲讽康德的二律背反，把它称为"对思想的自然状态"的"彻底歪曲"④。

现实世界在时间上和空间上的无穷无尽，是经过人们的长期实践得出来的、已经被现代科学发展一再证实的科学论断。数学

---

①　《马克思恩格斯选集》第 3 卷，人民出版社 2012 年版，第 425 页。

②　[德] 杜林：《哲学教程——严密科学的世界观和人生观》，郭官义、李黎译，商务印书馆 1991 年版，第 16 页。

③　[德] 杜林：《哲学教程——严密科学的世界观和人生观》，郭官义、李黎译，商务印书馆 1991 年版，第 64 页。

④　[德] 杜林：《哲学教程——严密科学的世界观和人生观》，郭官义、李黎译，商务印书馆 1991 年版，第 63 页。

上为了便于计算而设定开端，这个规律并不适用于现实世界。正像北极和南极一样，开端和终点是相互联系的，它们之间的对立是相对的而非绝对的。正如恩格斯所说："如果略去终点，开端就正好成为终点，即序列所具有的一个终点，反过来也是一样。"① 人类历史的发展亦如此，新的历史时期的开端正是先前的历史时期的终点。不仅如此，无限性本身就包含着矛盾，因为无限是由许许多多的有限组成的。正是这种矛盾，才使得无限性成为时间上和空间上无止境的过程。

究其实，运动是物质的存在方式，时间和空间则为物质运动的存在形式，它们之间是不可分割的。杜林却错误地认为，物质世界先于时间而存在，时间也可以脱离物质世界而运动。为此，他幻想出了这样的一个世界："自然界的一切前后相继的多样化现象，都必然渊源于某种自身等同的状态。因为只有这种自身等同状态，才可以被设想为与定数律没有矛盾，从来就存在的。"② 恩格斯继续追问：这个世界又是如何从自身等同的、绝对不变的状态中脱离出来，成为运动的状态呢？尽管杜林绞尽脑汁，在"存在链条"的各个环节中间"插入连续的桥"③，使之成为不变

---

① 《马克思恩格斯选集》第 3 卷，人民出版社 2012 年版，第 427 页。

② 〔德〕杜林：《哲学教程——严密科学的世界观和人生观》，郭官义、李黎译，商务印书馆 1991 年版，第 59—60 页。

③ 〔德〕杜林：《哲学教程——严密科学的世界观和人生观》，郭官义、李黎译，商务印书馆 1991 年版，第 73 页。

和运动之间的中介，但无济于事。不动的"连续的桥"仍然是不变，倘若借助它来产生运动，除了增加理论的神秘主义色彩，没有任何用途。

那么，物质世界究竟是怎样产生的呢？易言之，就是回答物质与运动的关系为何。众所周知，世界的本原问题是古希腊哲学的主题。古希腊哲学的创始学派——伊奥尼亚学派（又称米利都学派），将物质的普遍散布状态视为宇宙的原始状态，例如泰勒斯的"水"本原、阿那克西米尼的"气"本原、赫拉克利特的"火"本原等。此后，宇宙不变论和神创论在宇宙起源问题上占据统治地位。直到康德提出的"星云假说"，首次将太阳系的形成，归结为物质按照自身规律来演化和发展的过程。这一科学上的巨大进步，在杜林看来却是"不能令人满意的和不准确的"①。其目的在于凸显"宇宙介质"状态，即物质和机械力的统一这个"真实"的逻辑公式。这种统一既不是现代意义上的纯粹静止，也不是绝对的运动，因此，它的终止就意味着不变的终结和运动的开始。恩格斯认为，把不变解释为物质和机械力的统一，把运动解释为物质和机械力的对立，不过是黑格尔的"自在"概念和"自为"概念的"变种"。在黑格尔那里，"自在"是指某种事物、过程或概念中隐藏的尚未发展的对立，"自为"则为对立的完全显现。

---

① ［德］杜林：《哲学教程——严密科学的世界观和人生观》，郭官义、李黎译，商务印书馆 1991 年版，第 79 页。

此外，机械力本身即意味着运动，物质和机械力所统一而成的不运动中，岂能包含着运动的机械力？在没有任何外来的推动的情况下，恐怕唯有求助于"上帝"，方可实现不变向运动的转化。由此可见，杜林的"宇宙介质"说和代表着退步的神创论之间，没有任何实质的区别。同样，从通常的力学来看，杜林所谓"连续的桥"仍然离不开外来的推动以实现不变到运动。于是，他又从热力学中关于潜热现象——热似乎可以凭空产生和消失——的分析中，看到了"架起"不变与运动间的"桥"的希望，"以机械能代替太阳能为例来说明我们的基本观点"①。以水在固态、液态和气态中间的转化为例，恩格斯具体分析说，这些形态间转化过程中的热能变化皆非凭空形成的，而是产生于水本身具有的最小活动粒子的振动。因此，潜热理论只能证明任何事物的不变都是相对的，根本无法用以解释不变到运动的过程。至于杜林从化学中寻找理论依据，用机械力的量的不变性说明物质和运动的关系，无非是把化学中的能量守恒定律变换了名称而已。

在绞尽脑汁说明物质和运动的关系后，杜林决定"改头换面"，借助目的论来解释无机界向有机界的转变。在他看来，自然界的发展和变化是具有目的和意志的，生命就是宇宙因果性的结果。"有感觉的生物，必须是每一个宇宙设施的目的。因为一

---

① ［德］杜林：《哲学教程——严密科学的世界观和人生观》，郭官义、李黎译，商务印书馆 1991 年版，第 81 页。

个普通的、没有意识的世界，似乎是一个愚昧无用的世界，是一个人们所说的既没有演员，又没有观众的剧场。"① 这种目的论显然又是从黑格尔逻辑学中抄来的。恩格斯认为，黑格尔以（内在的）目的作为中介，揭示从无机物到生命的过程的必然性。杜林使用的却是外在的、与手段相对的目的，把自觉的和有意识的行动强加给自然界，于是又陷入了自然神论之中。

不仅如此，杜林还对达尔文的进化论横加指责，将后者的核心观点即物竞天择贬低为"一种真正的兽性"②，他甚至认为这一理论除了抄袭了拉马克的物种变异论中的一些观点，余下的都是马尔萨斯人口论的"翻版"。为此，恩格斯专门阐明了杜尔文进化论的形成过程和基本观点，详细反驳了杜林对达尔文的生存斗争学说、遗传学说和自然选择学说的歪曲和污蔑，揭露了杜林在物种变异问题上的自相矛盾。至于杜林关于生命起源的诸多观点，例如，生命的意义在于真正的分化，它是以细胞为基础的组织，是通过起塑造作用的模式化而进行的新陈代谢等，皆为"毫无意义的莫名其妙的最纯粹的"③杜撰。只有探究生命从最低级的直至最高级的全部形式，才能真正理解生命的含义。

①　[德] 杜林:《哲学教程——严密科学的世界观和人生观》，郭官义、李黎译，商务印书馆 1991 年版，第 96 页。

②　[德] 杜林:《哲学教程——严密科学的世界观和人生观》，郭官义、李黎译，商务印书馆 1991 年版，第 106 页。

③　《马克思恩格斯选集》第 3 卷，人民出版社 2012 年版，第 457 页。

第四节　永恒真理和社会历史原则的虚构

同世界模式论和自然哲学一样，杜林哲学体系中关于人的学说，也带有明显的先验主义色彩：以凌驾于社会和历史之上的原则，如永恒真理、自由意志和绝对平等，来解释全部的社会和历史的发展。

> 关于道德的原则是否凌驾于历史和现今的民族特性的差别之上，并不是什么特殊的问题。这些原则是真正的、从一开始就起作用的天然的推动力。在发展过程中组成比较完全的道德意识和所谓良心的那些特殊真理，只要它们的最终的基础都已经被认识，就可以要求同数学的认识和运用相似的适用性和有效范围真正的真理是根本不变的，而且永远可以这样设想：它们在任何时候，对于自身所有的条件都是适用的。①

按照杜林的解释，先于道德原则和社会历史原则的原则是意

---

① 〔德〕杜林：《哲学教程——严密科学的世界观和人生观》，郭官义、李黎译，商务印书馆 1991 年版，第 183 页。并参见《马克思恩格斯选集》第 3 卷，人民出版社 2012 年版，第 461 页。

识，后者由感觉、知觉、冲动、激情、知性、理性等要素组成。他在《哲学教程》中专门用了三章的篇幅来论述意识原则，举凡：意识的个体化和双重因果性；意识学说的实质及作用；感觉的客观意义与直接对象；主观因素表述现实过程的必然形式和唯一形式；冲动的必然性及其作为目的和手段的统一；激情的分类与天然功能；知性的一般特征及作用；意志与所谓心理自由的区别；作为交往工具而非思维前提的语言；等等。在恩格斯看来，这些内容除了用陈腐、空泛和晦涩的词句，来强调意识原则决定社会存在之外，再没有任何实际的内容。这些"陈词滥调和玄妙语句的杂拌"、"连篇累牍的糊涂话"[①]，恰巧印证了杜林本人的如下说法："谁如果只能通过语言进行思维，谁就不懂得抽象的和真正的思维具有何种意义。"[②]

相较于意识原则来说，杜林所谓的道德原则和社会历史原则看似可以捉摸，实则仍然没有脱离"最后的终极真理"即永恒真理的范围。此时，应当超越从自相矛盾否定杜林的现实哲学具有绝对真理性的层面，回答人的认识是否可以达到永恒真理的程度，或者说思维的认识能力是否具有至上性的问题。恩格斯指

---

① 《马克思恩格斯选集》第 3 卷，人民出版社 2012 年版，第 460 页。

② 〔德〕杜林：《哲学教程——严密科学的世界观和人生观》，郭官义、李黎译，商务印书馆 1991 年版，第 178 页。并参见《马克思恩格斯选集》第 3 卷，人民出版社 2009 年版，第 460 页。

出，杜林的这些原则所反映的思维至上性纯属虚构，"是在一系列非常不至上地思维着的人中实现的；拥有无条件的真理权的认识是在一系列相对的谬误中实现的；二者都只有通过人类生活的无限延续才能完全实现"①。就其本质属性和历史目的而言，思维的认识能力是至上的和无限的；而从它的每次完成和特殊现实来说，又是有限的。

诚然，人的认识是一个无限发展的过程，在这个过程中确实存在某些不容置否的真理。但是，人类任何时期得到的真理均非永恒真理，只运用永恒真理意味着知识世界从而历史发展的终结。整个认识领域或科学的三大部分，即自然科学、生物科学、历史科学，都充分说明了人的认识的相对性。恩格斯分析说，数学、天文学、力学、物理学和化学中的某些成果虽可称作是精密科学，却根本没有对一切事物的绝对适用性、不可争辩的确证性。这种"童真状态"随着时间的推移而一去不复返了，取而代之的则是"争论的王国"，例如数学中的变数应用、物理学中的分子运动、化学中的原子构成、地质学中的未知事实等。在生物科学中，为了系统解释各种生命现象之间的错综复杂的联系，需要各种理论假说而非永恒真理作为中间环节。从古罗马医学家盖伦到组织学之父马尔比基，人类历经1400多年才精确地确定了

① 《马克思恩格斯选集》第3卷，人民出版社2012年版，第463页。

血液循环之类的简单事实。

相比于生物科学的情况，永恒真理于历史科学中更加难以实现。大体而言，有机界的种类本身变化不大，有机界的各种现象在极广的范围内有规律地重复着。相反，社会历史发展情况的重复不是通例而是例外。人们的生活条件、社会关系、法的形式和国家形式，在不同的文明民族里千差万别。即便历史发展在某个地方出现重复，也绝非在完全相同的状况下发生的。正如恩格斯所说："如果一旦例外地能够认识到某一时代的社会存在形式和政治存在形式的内在联系，那么这照例是发生在这些形式已经半衰退和濒于瓦解的时候。"① 因此，关于社会历史的认识在本质上是相对的，它始终存在于特定的时代和民族中，是一定的社会形式和国家形式下的暂时产物。

同理，道德原则亦非永恒的终极的真理，它归根结底是一定的社会形式和历史条件的产物。道德的进步性远不足够赋予它，以永恒的、不以时间和现实变化为转移的性质。在资本主义社会中，就有过去的基督教的封建主义道德及其各种分支、现代资产阶级的道德、无产阶级的未来的道德。不可否认，这些道德中必然有许多共同之处，然则这些共同的东西绝不能构成某种一成不变的道德，因为任何道德的共同信条均会随着其形成条件的消失

① 《马克思恩格斯选集》第 3 卷，人民出版社 2012 年版，第 466 页。

而不复存在。在盗窃动机已经消失的社会里，道德说教者再宣扬"切勿盗窃"的戒律，注定招致无情的嘲讽。由此，恩格斯得出以下结论："人们自觉地或不自觉地，归根到底总是从他们阶级地位所依据的实际关系中——从他们进行生产和交换的经济关系中，获得自己的伦理观念。"①

不仅如此，自由绝非纯粹主观的东西，从个人的自由意志的独立性推导出绝对平等观念，论证自由意志的异己性通过暴力恢复平衡从而实现平等权利，更是无稽之谈。恩格斯继续写道，这种做法全然无视社会历史领域的错综复杂的情况，把社会分解为最简单的要素，用两个人的自由意志关系代替全部社会关系。从方法上看，这仍然属于先验主义，"不是从对象本身去认识某一对象的特性，而是从对象的概念中逻辑地推导出这些特性"②，只不过换了一种说法而已。运用个人之间在道德上和精神上的不平等，非但不能证明自由意志间的绝对平等，反而给现实带来极大程度的危害，以致所谓文明国度对落后民族的掠夺行径皆可冠以正当性。

自由和必然的关系，是讨论道德和法问题的应有之义。所谓必然，是指事物联系和发展中一定要发生的、不可避免的趋势。在详尽地分析了杜林关于民法、刑法、拉萨尔事件、庭审方式、

---

① 《马克思恩格斯选集》第 3 卷，人民出版社 2012 年版，第 470 页。
② 《马克思恩格斯选集》第 3 卷，人民出版社 2012 年版，第 473 页。

陪审员不公开判决、教会干预司法等方面的谬论，再次揭露他的
狂妄无知和自吹自擂之后，恩格斯着重批判了杜林对自由和必然
关系的前后不一理解：一方面，杜林将自由解释为理性认识和本
能冲动的合力。也就是说，自由完全源自人的主观，与必然之间
毫无关联。另一方面，他又认为自由不可避免地受自然规律的
影响，是对必然的认识。显然，后一种解释"随随便便地给了"
前一种解释"一记耳光"，并且又只是对黑格尔的观念的极端庸
俗化。

　　用原则统摄社会历史领域，必然使杜林陷入历史虚无主义。
在杜林看来，直到他所处 19 世纪为止的全部历史，由于充斥着
谬误、无知、野蛮、暴力、奴役，而成为现实哲学的批判对象。
相对于人类未来漫长的、以万年来计算的发展来说，"从纯粹的
奴隶制过渡到雇佣劳动，同废除雇工制本身以及同废除与此有关
的、以压迫为基础的所有制相比较，是小事一桩。"① 终结这个对
于未来而言的"太古时代"，可以为发现"最后的终极真理"提
供不言而喻的前提。但与此同时，杜林还以 1789 年法国大革命
为界，将历史划分为两个部分，认为后一部分虽实质上反动，却
孕育着比法国大革命更加巨大的变革的萌芽。显然，这又是一个
自相矛盾的地方。

---

　　① 　[德] 杜林：《哲学教程——严密科学的世界观和人生观》，郭官义、李黎译，
商务印书馆 1991 年版，第 278 页。

至于《哲学教程》的第六篇"生活的个人化和生活价值的提高"的三章内容，其中遍布着"神谕式"的老生常谈，也就是把众人皆知的生活经验加以玄妙的语句修饰。举凡：要经常变换方式和改善条件来提高生活乐趣，居然被杜林冠以"差异法则"；占有充足的自由时间，在经由"按照自然的时间尺度发展""相反方向的扭曲""运动的先决条件"① 等陈词滥调"加工"一番，就成了提高生活乐趣的基本规则；禁止烟酒和食不厌精，也变为体验生活的"神圣"准则。对此，恩格斯用"纯粹儿戏"来形容足矣。

第五节　现实哲学不能排除辩证法的作用

在观照和把握社会历史方面，辩证的思维方式具有不可替代的重要作用。可是，杜林构筑的哲学的自然体系"大厦"中，却没有辩证法的任何位置。

关于存在的基本逻辑特性的第一个命题，而且是最重要的命题就是矛盾的排除。矛盾的东西是一个范畴，

---

① ［德］杜林：《哲学教程——严密科学的世界观和人生观》，郭官义、李黎译，商务印书馆 1991 年版，第 348 页。并参见《马克思恩格斯选集》第 3 卷，人民出版社 2012 年版，第 495—496 页。

这个范畴只能归属于思想组合，而不能归属于现实。在事物中没有任何矛盾，或者换句话说，实际存在的矛盾，本身是背理的顶点。

逻辑矛盾和现实所固有的非协调性，同事物中的自然抗衡没有任何直接联系。按相反方向相互抗衡的力的对抗，甚至是世界以及生物的存在中的一切活动的基本形式。但是，诸要素和诸个体的力的方向的这种抗衡，同矛盾的荒谬性的思想是远远不相符合的。

在这里我们能够感到满意的是，通常从所谓的逻辑的神秘中升起的迷雾，被真实的矛盾的真正荒谬性的清晰景象驱散了；各个地方对于矛盾辩证法这个木偶——用来代替对抗的世界模式论的和雕刻得极其粗糙的木偶——的焚香顶礼，被证明是无益的了。①

相较于《哲学教程》中只是稍加提及现实哲学对矛盾的排除，杜林在《国民经济学和社会主义批判史》中，将黑格尔辩证法以及马克思对它的改造，诋毁的一无是处。他不仅声称质量互变规律是极其混乱的观念，而且把《资本论》中得出的资本主义发展

---

① 〔德〕杜林：《哲学教程——严密科学的世界观和人生观》，郭官义、李黎译，商务印书馆 1991 年版，第 28、29、30 页。并参见《马克思恩格斯选集》第 3 卷，人民出版社 2012 年版，第 496—497 页。

的历史过程，歪曲为对黑格尔三段论的直接套用，并以此否定资本主义私有制转化为社会所有制的趋势。

综观杜林的上述论述，其之所以排斥辩证法，就在于把矛盾错误地等同为背理，认为后者在现实世界中根本不能出现。恩格斯对此分析说，存在即为合理，绝不意味着背理不能存在。矛盾并不仅仅是逻辑上的不合理，只有现存的事物成为静止的、孤立的东西时，才不会存在矛盾。然而，一切客观存在的事物皆处于运动和联系的状态，运动自身即为矛盾。哪怕是最简单的机械运动，也已经包含着矛盾：物体同瞬间既在一个地方又在另一个地方，既在同一处又不在同一处。运动正是由这种矛盾的连续产生和同时解决构成的。更高级的物质运动形式，如生命的发展和思维的形成，更加包含着矛盾。生物的每瞬间既是它本身又是它者，生命相应地存在于这种不断自行产生并解决的矛盾中，矛盾的停止意味着死亡的降临；思维的认识能力和它所受到的主客观限制之间的矛盾，是在无穷无尽的运动中不断得以解决的。至于备受杜林推崇的纯数学，也不是绝对的曲直不等。直线和曲线在一定条件下的相等，正好是高等数学的基础之一。"数学本身由于研究变数而进入辩证法的领域"，"辩证思维对形而上学思维的关系，总的说来和变数数学对常数数学的关系是一样的。"① 综上

---

① 《马克思恩格斯选集》第3卷，人民出版社2012年版，第499—500页。

所见，矛盾具有客观性和普遍性。

　　尽管黑格尔将现实世界归结为概念的矛盾运动的结果，但也从中揭示出矛盾的客观性和普遍性。相反，杜林在世界模式论或自然哲学中，没有对其所谓的力的对抗作出任何实质性的说明，只是把黑格尔关于矛盾运动的观点，降低为按照相反方向运动的力的陈词滥调。与杜林贬低质量互变规律的做法针锋相对，恩格斯认为，无数的事实，不论是温度变化引起水的样态变化，抑或元素单纯的量的增加而形成不同的物体，还是现代分工所产生的巨大生产力变革，都证明质量互变规律在自然界、人类社会和思维领域中是普遍存在的。例如，马克思《资本论》的"相对剩余价值的生产"篇，探讨了很多质量互变的情况，涵盖从简单协作到工场手工业再到机器大生产的诸多领域。

　　关于杜林曲解否定之否定规律，将社会所有制污蔑为既是个人的又是共同的混乱产物，并以此反驳社会所有制代替资本主义私有制的谬论，恩格斯有针对性地指出，对于所有制形式来说，否定的否定表征的是这样的历史过程：在各种前资本主义生产方式下，个人占有自己的生产资料和生活资料，也就是以自己劳动为基础的分散的个人私有制；随着资本主义生产方式的确立，以社会生产为基础的资本主义私有制，实现了自由劳动者的协作从而对分散的个人私有制的否定；通过否定资本主义私有制而重新建立的社会所有制，使个人充分运用公共生产资料进行劳动，并且自觉地把分散的个人劳动力当作整个社会劳动力来使用。由此可见，社会所有制就是生产资料的公有制和生活资料的个人所有制，它本身没有任何矛盾和混乱之处。在个人私有制向资本主义私有制的转化中，需要解决的是少数个人对绝大多数个人的掠夺；在社会所有制代替资本主义私有制的关键则在于，绝大多数个人剥夺少数个人。所以，后一个过程比前一个过程，自然要长久得多、艰苦得多、困难得多。

不仅如此，否定的否定规律在马克思《资本论》中所起到的，根本不是杜林所说的"助产婆"的作用。在恩格斯看来，马克思在将社会所有制对资本主义私有制的取代，称为否定的否定之时，"他并没有想到要以此来证明这一过程是个历史地必然的过程。相反，他在历史地证明了这一过程一部分实际上已经实现，一部分还一定会实现以后，才又指出，这是一个按一定的辩证法规律完成的过程。他说的就是这些"①。这就是说，否定的否定规律在历史中起作用，是不以人的意志为转移的。在这个规律被认识之前，它也在自然界和思维中不自觉地起作用，只不过被黑格尔首次明确表述出来而已。把辩证法之谜弄得莫名其妙的不是别人，正是这样指责别人的杜林自己。黑格尔的发明、宗教领域的抄袭、原罪和赎罪的类比云云，都是极其荒唐的。

---

① 《马克思恩格斯选集》第3卷，人民出版社2012年版，第513页。

究其实，辩证法绝不是纯粹的证明工具，而是一种世界观和方法论——归到极致，毋宁说，辩证法是一种思维方式的原则。杜林把辩证法局限于形式逻辑的范围，故而无法看到它所包含的更广泛的世界观萌芽，遑论形式逻辑自身也是方法论。一切现存的事物中必然包含着否定的、革命的方面。这种否定并非简单的消灭，而是肯定积极和否定消极的扬弃，事物唯此方可实现由低级向高级的螺旋式上升发展。这正是杜林所根本不了解的辩证法的本性。真正的现实哲学中必须始终贯穿着辩证思维，否则，只能得到一个片面的、静止的、孤立的、不变的认识。

第五章

马克思主义哲学体系的全面揭示

　　杜林哲学的体系性不可避免地赋予了对它的批判以体系的形式。然则，形式上的体系建构——"以另一个体系去同杜林先生的'体系'相对立"①，远非恩格斯的目的所在。对马克思主义哲学体系的正面阐述，使人们得以较为系统地把握它，更好地用于认识和改造现实世界，方为《反杜林论》"哲学编"的最终目标之一。

　　具体而言，揭示杜林哲学体系的先验主义本质，正面阐述"全部哲学，特别是近代哲学的重大的基本问题"②，即思维与存

---

　　① 《马克思恩格斯选集》第 3 卷，人民出版社 2012 年版，第 380 页。
　　② 《马克思恩格斯选集》第 4 卷，人民出版社 2012 年版，第 229 页。

在的关系问题；揭露杜林世界模式论的唯心主义实质，正面阐述世界的统一性在于它的物质性；戳穿杜林用逻辑思维复苏自然哲学的幻想，正面阐述世界的可知性原则及其作用；批判杜林永恒真理和社会历史原则的虚构，正面阐述必然王国与自由王国的历史联系；揭破杜林所谓的"现实哲学"根本无法完全排除辩证法的作用，正面剖析唯物辩证法三大基本规律的客观性和普遍性。要而言之。通过和杜林进行思想论战的方式，恩格斯将哲学基本问题、存在论、认识论、历史观和辩证法内在地统一起来，完成了对马克思主义哲学的体系建构。

第一节　全部哲学的重大基本问题

问题是思想研究的起点，也是理论创新的动力源。对于任何哲学体系而言，重大的基本问题的提出与解决是必不可缺的前提。在同杜林进行思想论战的过程中，恩格斯反复强调从中提出的普遍性问题的重要性。其中最具有标志意义的当属提出并论证了思维和存在的关系问题。有别于杜林强调思维的第一性和绝对独立性的做法，恩格斯把思维和存在的关系问题，从古今各种哲学派别之间的复杂斗争中剥离出来，使之成为判定诸多哲学流派的性质的标准，为彰显马克思主义哲学的超越性奠定了重要前提。

出于批判杜林把思维和意识当作现成的、与自然界和存在相对立的东西，恩格斯进一步追问道：究竟什么是思维和意识，它们是从哪儿来的？他紧接着回答说，思维和意识皆为人脑的从而为自然界长期发展的产物，因为"人本身是自然界的产物，是在自己所处的环境中并且和这个环境一起发展起来的"①。具体而言，自然界的长期发展，从无机界到有机界再到动物界直至人类的出现，才有了人的思维和意识。与此同时，人通过劳动来同自然界作斗争，进一步推动了思维和意识的产生与发展：一方面，人在同自然界的斗争中不断认识它，进而形成对自然界及其发展规律的反映，这就是思维和意识。另一方面，个人在自然界的劳动过程中，不仅持续加深对各种事物的看法，而且相互交流各自的认识，使其头脑的思维能力得以逐步完善，并同动物的头脑完全区别开来。

由此可见，思维和意识并不同自然界和存在的其他联系相矛盾，而是相适应的。为了说明思维与存在的一致性，即存在第一性和思维第二性，恩格斯于 1885 年准备出版《反杜林论》第二版时，曾经打算专门加一条注释。尽管并未最终成行，但这条注释的草稿（《关于现实世界中数学上的无限之原型》），最后被恩

---

① 《马克思恩格斯选集》第 3 卷，人民出版社 2012 年版，第 410 页。

格斯收入《自然辩证法》中。

　　主观思维和客观存在遵循着同一些规律，表明这两者不能互相矛盾，也就是思维与存在彼此一致。在恩格斯看来，"这个事实是我们理论思维的不以意识为转移的和无条件的前提"①。18世纪的旧唯物主义，由于其形而上学思维方式的限制，仅仅从内容方面来探讨这个前提；它只限于证明思维的全部内容均源自感性经验，重新阐释了亚里士多德感觉论的基本原理：凡是感觉中未曾有过的东西，即不存在于理智中。相反，现代唯心主义特别是黑格尔辩证法，则从形式方面来阐明这个前提；它尽管证明了思维过程与自然过程和历史过程的平行一致，但是把这两者的关系头足颠倒了。现代唯物主义重新复归了被颠倒了的思维与存在的关系，并且充分吸收了现代自然科学的成果，把一切思维的内容皆来源于经验在范围上加以扩展，以致彻底扬弃了这个命题的旧的形而上学的限制。因此，不能只从字面意思而应上升到对18世纪旧唯物主义和现代唯心主义的双重超越的意义上，来理解存在第一性和思维第二性。

　　思维和存在的彼此一致，绝不意味着思维不具有相对的独立性。"正像在其他一切思维领域中一样，从现实世界抽象出来的规律，在一定的发展阶段上就和现实世界脱离，并且作为某种独

①《马克思恩格斯选集》第3卷，人民出版社2012年版，第977页。

立的东西，作为世界必须遵循的外来的规律而同现实世界相对立。"① 正是通过对思维的相对独立性的分析，恩格斯在思维与存在的一致性的基础上，完成了对这两者的辩证关系的正面阐述。对客观存在的概括所形成的主观思维，不仅具有一定的相对独立的形式，而且以特有的方式反作用于存在，指导人们改造客观世界的实践活动。当然，思维所得出的理论成果，不过是对客观世界及其发展规律的反映或总结。把思维的相对独立性夸大到绝对的程度，以致完全脱离实际的时间和空间、物质和运动，就会陷入先验主义的幻想，不断重复着类似于杜林的谬论："从头脑中制造出存在的基本形式、一切知识的简单的成分、哲学的公理，再从它们中推导出全部哲学或世界模式论，并把自己的这一宪法钦定赐给自然界和人类世界。"②

第二节　世界的统一性在于它的物质性

任何一种哲学体系都实际地构筑于存在论之上，不论它是否明确阐释了自己的存在论的内容和作用。相较于和马克思共同创立马克思主义哲学之时，强调现实历史的基础作用，"从物质实

---

① 《马克思恩格斯选集》第 3 卷，人民出版社 2012 年版，第 414 页。
② 《马克思恩格斯选集》第 3 卷，人民出版社 2012 年版，第 414 页。

践出发来解释各种观念形态"①，恩格斯在具体建构和正面阐述马克思主义哲学体系时，更为侧重对一般的世界观及自然观的系统论述，使马克思主义哲学的存在论基础具备了完整的形态。

通过详尽批判杜林将世界的统一性归结为其存在性的谬论，恩格斯明确提出："世界的真正的统一性在于它的物质性。"② 从字面上来看，不难得出这个观点的三层内涵：第一，世界是统一的；第二，世界统一的基础是物质；第三，物质世界的统一性是多样性的统一。世界统一的物质性，不是自然界的统称或者某种具体存在的特性，而是从各种特定实存的物质总和中抽象出来的，并且被自然科学的长期发展所证实的。

早在古希腊时期，一些朴素的唯物主义者，便已认识到世界的物质本原和统一性，只是由于认识水平的限制，而把世界的统一性归结为特定的物质形态，例如，水、火、空气。正如恩格斯在《自然辩证法》中所说："在这里已经完全是一种原始的、自发的唯物主义了，它在自己的起始时期就十分自然地把自然现象的无限多样性的统一看做不言而喻的，并且在某种具有固定形体的东西中，在某种特殊的东西中去寻找这个统一，比如泰勒斯就在水里去寻找。"③ 近代以来，社会生产力的提高和自然科学的发

---

① 《马克思恩格斯选集》第 1 卷，人民出版社 2012 年版，第 172 页。
② 《马克思恩格斯选集》第 3 卷，人民出版社 2012 年版，第 419 页。
③ 《马克思恩格斯选集》第 3 卷，人民出版社 2012 年版，第 867 页。

展，使得人们对物质世界的认识不断深入。尤其是哥白尼日心说
的出现，证明了包括地球在内的天体的物质性，为世界统一于物
质提供了极其重要的依据。到了 17、18 世纪，机械唯物主义者
在总结自然科学成就的基础上，继续深化对世界的物质统一性的
认识。但是，他们把物质理解为自然科学意义上的原子，并且赋
予世界的统一性以绝对的、不变的特性。自 19 世纪 30 年代以降，
以细胞学说、能量守恒定律和生物进化论为代表的科学发现，进
一步证实了万事万物皆为物质运动的不同表现，物质世界的各种
现象构成可以相互转化的矛盾统一体。

就一般的意义而言，运动作为物质的存在方式和基本属性，
涵盖从简单的机械运动到人脑的思维活动的全部变化过程。恩格
斯指出："无论何时何地，都没有也不可能有没有运动的物质。"[1]
从天体上较小物体的机械运动到表现为热量变化或电磁流动的分
子震动，再到各种化学元素之间的分解与组合，直至有机生命的
进化，"宇宙中的每一个物质原子在每一瞬间都处在一种或另一
种上述运动形式中，或者同时处在数种上述运动形式中"[2]。不仅
如此，机械运动、物理运动、化学运动和生物运动等各种形式之
间，是相互区别又相互依存、相互转化的。任何的静止和平衡，
只有相对于运动的各种具体形式才是有意义的。当然，一切物质

①　《马克思恩格斯选集》第 3 卷，人民出版社 2012 年版，第 435 页。
②　《马克思恩格斯选集》第 3 卷，人民出版社 2012 年版，第 435 页。

运动形式均可不同程度地转化为简单的机械运动，绝不意味着机械运动是物质运动的全部。抹杀运动形式的特殊性，等于否定不同物质形态即具体事物之间的质的差别，从而无法认识物质世界。换句话说，只有把物质运动的普遍性和特殊性结合起来，才能正确理解世界的真正统一性在于它的物质性。

时间和空间是物质运动的存在形式。针对杜林关于时空有限的片面观点，恩格斯认为，物质运动在时间上和空间上是无限性和有限性的统一。所谓有限性，是指具体物质的运动，它们在时间上有生灭、在空间上有方位。具体物质的消亡并不代表着它们的凭空消失，而只是其运动形式的变化。正是各种相互联系的具体物质的不断产生和消亡，也就是运动形式的变化多样，构成了整个物质世界在时间上和空间上的无限性。"正因为无限性是矛盾，所以它是无限的、在时间上和空间上无止境地展开的过程。如果矛盾消除了，那无限性就终结了。"①

第三节 现实世界的可知性原则及其作用

除了何为第一性和第二性，思维与存在的关系的另一个维度

---

① 《马克思恩格斯选集》第 3 卷，人民出版社 2012 年版，第 427 页。

是这两者的同一性问题，对它的不同回答形成了可知论和不可知论这两种对立的观点。当不可知论"大行其道"之时，德国古典哲学对它的批判却"苍白无力"。事实上，只要人们在实践的基础上对每个阶段积累的大量认识材料进行深刻的专门研究，是可以无限接近真理的。无论是康德的不可捉摸的"自在之物"，还是新康德主义"羞羞答答"的不可知论，都会被实践令人信服地终结。通过批判杜林哲学体系中的思维至上论和永恒真理说，恩格斯进一步发挥了马克思关于认识的形成和认识的真理性等观点，把现实世界的可知性原则及其作用，确定为马克思主义哲学体系的重要内容之一。

思维与存在的彼此一致表明，物质世界的各种事物都能被人所认识。人们所进行的改造现实世界的活动也无不要求着他们，尽可能地从具体事物的全部联系中去认识物质世界。但是，从物质世界本身和人的本性来看，这个任务又是永远无法全部解决的。其中，整个物质世界在时间上和空间上是无限的，是不断运动和发展的；人的认识也不能摆脱一定的主客观限制。"事实上，世界体系的每一个思想映象，总是在客观上受到历史状况的限制，在主观上受到得出该思想映象的人的肉体状况和精神状况的限制。"① 由此可见，人的认识是一个矛盾运动的过程，这个矛盾

---

① 《马克思恩格斯选集》第 3 卷，人民出版社 2012 年版，第 412 页。

"在人类的无限的前进发展中一天天不断得到解决"①。所谓现实世界的可知性，就是指人类在自身发展中，可以不断接近却不能穷尽对现实世界的认识。

承认物质世界是可被认识的，绝不意味着思维至上。在恩格斯看来，思维的认识能力具有二重性，既是无限发展的又是有限度的。"一方面，人的思维的性质必然被看做是绝对的，另一方面，人的思维又是在完全有限地思维着的个人中实现的。"② 这种无限与有限之间、绝对与相对之间的矛盾，唯有置于无限的发展进程中，特别是无止境的人类世代更迭中，方可得以解决。同理，真理也兼具绝对性和相对性，前一种性质是就客观内容而言的，后一种性质则是从认识的过程来说的。人的认识虽能不断接近却无法穷尽绝对真理。

在人的认识过程中，真理和谬误是对立统一的，而非绝对对立的。"真理和谬误，正如一切在两极对立中运动的逻辑范畴一样，只是在非常有限的领域内才具有绝对的意义。"③ 恩格斯指出，真理的发展规律表现为，它始终在同谬误的比较和斗争中发展，并且在一定的条件下向其对立面转化。具体说来就是：（1）真理在一定条件下具有绝对性，不能混淆了真理和谬误的界限，

---

① 《马克思恩格斯选集》第 3 卷，人民出版社 2012 年版，第 412 页。
② 《马克思恩格斯选集》第 3 卷，人民出版社 2012 年版，第 463 页。
③ 《马克思恩格斯选集》第 3 卷，人民出版社 2012 年版，第 467 页。

否则会成为相对主义和诡辩论;(2)真理同时具有相对性,真理和谬误的对立也只有相对的意义;(3)尚未认识的真理也是一定条件下的真理,把真理看作是无条件的真理,就会使其成为谬误。究其实,真理是一种历史的产物,它的形成需要一定的、以长此以往的历史为前提的条件。一言以蔽之,凡是真理都是具体的、历史的、相对的、发展的,没有也不可能有抽象的、永恒的、绝对的、不变的真理。

第四节　必然王国与自由王国的历史联系

同真理一样,道德、平等、自由也是历史的产物。当恩格斯从社会历史的角度对它们进行考察时,就从认识论转向历史观的正面阐述。恩格斯认为,在以私有制为基础的阶级社会中,不论是奴隶社会还是现代社会,都没有超越阶级的道德、平等和自由,尽管人类关于道德、平等、自由的观念是非常古老的。

从原始的平等观到现代的平等观,是一个历经了几千年的漫长历史过程。原始的平等只是这样一种模糊的认识,即全部的个人在作为人的共性范围内是平等的,没有进一步提出人的平等的具体要求。现代的平等则提倡公民具有平等的政治地位和社会地位。从相对平等的原始观念中得出权利的平等,并且使后者成为某种不言自明的东西，必然要经历十分漫长的岁月。

具体而言，在原始社会里，只有公社内部成员之间的平等，妇女、奴隶和公社以外的人均没有平等可言。到了奴隶社会，至多是自由民范围内的私人平等，"只要自由民和奴隶之间的对立还存在，就谈不上从一般人的平等得出的法的结论"①。欧洲中世纪社会虽然表面宣称一切人的平等，但这种平等仅为基督教所谓的"原罪"平等，也就是"上帝的选民"的平等。即便这种基督教平等的萌芽，也很快被僧侣和俗人的对立所取代。不可否认，资产阶级的平等观念，在使人们摆脱封建桎梏、消除封建特权的历史过程中，起到了积极的进步作用。然则，这种做法只是用一种阶级特权代替另一种而已。在反对明显的社会不平等，以及或多或少吸收资产阶级平等要求用来反抗资本家的双重意义下，无产阶级的平等观以消灭一切阶级及其特权为目标。"任何超出这个范围的平等要求，都必然要流于荒谬。"②

自由和平等作为人的发展的内在要求，始终是相伴而生的。从某种意义上来说，平等是自由的前提，自由则为平等的目标。与此同时，自由和必然也是相辅相成的。人的自由不可能摆脱客观规律的必然性，随着个人在实践中对必然的认识不断深入，其自由个性也得到持续发展。当然，自由远不止于对客观规律的认

---

① 《马克思恩格斯选集》第 3 卷，人民出版社 2012 年版，第 481 页。

② 《马克思恩格斯选集》第 3 卷，人民出版社 2012 年版，第 484 页。

识，更是对必然的运用。正如恩格斯所说："自由不在于幻想中摆脱自然规律而独立，而在于认识这些规律，从而能够有计划地使自然规律为一定的目的服务。这无论对外部自然的规律，或对支配人本身的肉体存在和精神存在的规律来说，都是一样的。"①只有正确运用客观规律，个人才可以能动地改造现实世界，进而实现真正的自由。

根据对客观规律的认识来能动地改造现实世界，表明自由是历史发展的必然产物。整个人类的历史就是由必然王国迈向自由王国的历史。自脱离于动物界之时起，人类即已借助社会生产力的发展，来摆脱自然力量和社会力量的支配，建立一种真正的自由王国。相较于从机械运动到热的转化，即摩擦生火所实现的人类发展的巨大飞跃——"第一次使人支配了一种自然力，从而最终把人同动物界分开"②——而言，从热到机械运动的转化，即蒸汽机的使用对于世界性的解放作用要小得多。尽管如此，只有适应并借助于蒸汽机所代表的社会生产力的进步，个人才有可能在这样的社会形式下实现真正的自由个性：在没有任何阶级差别和生活资料极大丰富的条件下，过上一种与已认识到的自然规律相协调的生活。

---

① 《马克思恩格斯选集》第 3 卷，人民出版社 2012 年版，第 491—492 页。
② 《马克思恩格斯选集》第 3 卷，人民出版社 2012 年版，第 492 页。

第五节　唯物辩证法的三大基本规律

纵观恩格斯在《反杜林论》中对马克思主义哲学存在论、认识论、历史观的正面阐述，始终贯穿着一条清晰的主线即辩证法。基于对德国古典哲学中的辩证法思想的批判改造，恩格斯不仅详尽考察了辩证法作为世界观和方法论，在自然界、人类社会和思维等领域的普遍意义，以及各种特殊的表现形式；而且具体论述了唯物辩证法的三大基本规律——矛盾规律（对立统一规律）、质量互变规律和否定之否定规律，特别是它们的客观性和普遍性，从动力、状态和趋势三个方面，系统解释了一切事物的发展过程。

联系地、运动地、发展地看待物质世界的一切事物，是辩证法的基本观点。从这一观点出发，不难得出运动本身就是矛盾的结论："简单的机械的位移之所以能够实现，也只是因为物体在同一瞬间既在一个地方又在另一个地方，既在同一个地方又不在同一个地方。这种矛盾的连续产生和同时解决正好就是运动。"① 恩格斯由此指出，连最简单的机械位移中即已存在矛盾，而全部的运动形式本身都包含着简单机械位移，那么矛盾客观地存在于

---

① 《马克思恩格斯选集》第 3 卷，人民出版社 2012 年版，第 498 页。

一切事物的发展过程中。人的思维领域也不例外，其中实际存在着思维的认识能力的无限性和它所受到的主客观限制之间的矛盾。由此可见，矛盾规律作为事物发展的普遍规律，是探究一切事物运动变化的根本方法之一。只有深入分析事物自身的矛盾，以及不同事物之间的矛盾，才能从根本上认识问题和解决问题。

矛盾是一切事物发展的动力和源泉，质量互变则为事物运动变化的基本形式或状态。在恩格斯看来，量变，顾名思义是指事物在数量上的、逐渐的、不显著的变化；质变，简而言之就是事物在性质上的根本变化，即突变和飞跃。量变是质变的必要前提，质变是量变的必然结果，这两者相互依存、相互贯通。量变引起质变，事物在新质的基础上又开始新的量变，如此循环往复，形成质量互变规律，反映着事物发展的渐进性和飞跃性的统一。

从更广泛的意义上来说，质量互变规律不仅适用于自然界，而且也适用于人类社会活动领域。为此，恩格斯援引马克思《资本论》中的如下论述："不是任何一个货币额或价值额都可以转化为资本。相反地，这种转化的前提是单个货币占有者或商品占有者手中有一定的最低限额的货币或交换价值。"① 当然，不是任何一个微小的价值额都足以转化为资本，而是每一发展时期和每

---

① 《马克思恩格斯选集》第 3 卷，人民出版社 2012 年版，第 503 页。并参见《马克思恩格斯文集》第 5 卷，人民出版社 2009 年版，第 356 页。

一个工业部门为实现这一转化都有自己的一定的最低限额。在通过说明资本家拥有价值额的最低限度与雇佣工人的人数之间的关系后，马克思总结说："在这里，也像在自然科学上一样，证明了黑格尔在他的《逻辑学》中所发现的下列规律的正确性，即单纯的量的变化到一定点时就转变为质的区别。"①

在一切事物发展的过程中，矛盾双方的转化引起了否定的否定。诚如恩格斯所言："马克思所使用的完全相同的整整一系列辩证的说法：按本性说是对抗的、包含着矛盾的过程，一个极端向它的反面的转化，最后，作为整个过程的核心的否定的否定。"② 按照一般的理解，否定之否定规律包含着肯定、否定、否定之否定。其中，肯定是事物原初的存在状态，否定则是对肯定的限制或规定而非消灭。否定之否定同时取决于过程的普遍性质和特殊性质，它不仅包括对事物原初存在状态的否定，还有对这个否定的扬弃。"怎样做呢？这要依每一种情况的特殊性质而定。如果我磨碎了大麦粒，如果我踩死了昆虫，那么我虽然完成了第一个行为，却使第二个行为成为不可能了。"③ 换言之，肯定和否定不是绝对对立的，而是对立统一。肯定中包含着否定，否定中

---

① 《马克思恩格斯选集》第 3 卷，人民出版社 2012 年版，第 503 页。并参见《马克思恩格斯文集》第 5 卷，人民出版社 2009 年版，第 358 页。

② 《马克思恩格斯选集》第 3 卷，人民出版社 2012 年版，第 519 页。

③ 《马克思恩格斯选集》第 3 卷，人民出版社 2012 年版，第 521 页。

包含着肯定，既不肯定也不否定一切。否定作为事物内部的矛盾运动，是旧事物的消亡和新事物的产生，也就是一种质变。

否定之否定规律也具有客观性和普遍性，它不仅不以人的意志为转移，还"是自然界、历史和思维的一个极其普遍的、因而极其广泛地起作用的、重要的发展规律"①。恩格斯分析说，早在黑格尔之前，卢梭就已经阐释了人类社会从原始平等到权利不平等再到社会契约平等的过程。马克思在《资本论》中通过历史的和经济的证明论证资本主义的必然灭亡时，也谈到了否定之否定规律："资本主义的生产方式和占有方式，从而资本主义的私有制，是对个人的、以自己劳动为基础的私有制的第一个否定。对资本主义生产的否定，是它自己由于自然过程的必然性而造成的。这是否定的否定。"②

这里的否定，指的是事物的自我否定，而不是外在事物对它的否定。个人的、以自己劳动为基础的私有制，由于自身的发展而必然会造成消灭自身的条件，其结果是资本主义生产方式及其私有制的诞生，而资本主义生产方式及其私有制也会由于自身的发展而造就导致自身走向灭亡的物质条件，其结果便是以重建个人所有制为基础的共产主义社会。这种个人所有制，对于资本主

---

① 《马克思恩格斯选集》第 3 卷，人民出版社 2012 年版，第 519—520 页。

② 《马克思恩格斯选集》第 3 卷，人民出版社 2012 年版，第 512—513 页。并参见《马克思恩格斯文集》第 5 卷，人民出版社 2009 年版，第 874 页。

义的私有制是否定的，因为它是在土地和靠劳动本身生产的生产资料的社会所有制的基础上重新建立起来的。社会所有制是就土地和生产资料而言的，而个人所有制是对生活资料即消费品来说的。在这一意义上，否定之否定规律作为人类历史发展的基本规律而得以发现和阐释。这本身并不是神秘的公式，而是通过考察人类历史发展进程得出的科学结论。

第六章

对杜林社会经济学的系统批驳

社会经济学及其基本观点，是杜林"共同社会"体系的主要理论依据。诚如他本人所言："只有我的国民经济学理论——作为我所提出的世界观和生活观的一个不可缺少的组成部分——，才是有用的。"① 在《国民经济学和社会经济学教程》中，他不仅规定了社会经济学的认识对象和方法论，阐述了政治暴力对社会经济生活的决定作用；而且提出了特定的国民经济学理论来充实社会经济学的结构，从生产和分配两方面考察了福利、财富、价值、货币、资本、信贷、生产率、利润率等基本概念，论证了国

---

① ［德］杜林：《哲学教程——严密科学的世界观和人生观》，郭官义、李黎译，商务印书馆 1991 年版，第 497 页。

民经济间的各种联系即自然规律。由此可见，驳斥杜林社会经济学的难度和内容，丝毫不亚于批判其哲学的自然体系。为此，恩格斯从对象和方法入手，指明杜林经济的自然规律的虚构，揭示出政治暴力论的唯心主义实质，驳斥了杜林对政治经济学基本概念的错误理解，并且转述了马克思对杜林肆意歪曲政治经济学说史的反驳，从而完成了对杜林社会经济学的系统批驳。

第一节　经济自然规律的虚构与谬误

与"哲学编"的结构顺序不同，恩格斯在"政治经济学编"的"对象和方法"章中，先谈了正面阐述的内容，再展开对杜林的直接批判。为了保持叙述结构的一致，首先来看看恩格斯对杜林社会经济学的对象和方法的批判。

在某些重要方面，依据的是更高级的、在更高的研究领域中已被完成的真理……一切经济的最一般的自然规律。

像奴隶制和雇佣依附制这样的体制，连同它们的孪生兄弟即基于暴力的所有制，应当被看作真正政治性质的社会经济制度的形式，它们在到现在为止的世界中构成框架，经济的自然规律只有在这种框架里才能显示其作用。①

按照杜林的理解，原则即自然规律统摄社会历史领域，包括政治生活和经济生活在内的全部社会生活，都是受自然规律支配的。在人的社会生活中，政治生活居于首要地位，经济生活则是次要的并且只是政治生活的一个断面。因此，只有取消国家的干预，特别是同奴隶制和雇佣依附制结合在一起的、基于暴力的所有制的干涉，才能在最严格的意义上找到经济的自然规律。恩格斯对此反讽道，自然规律在杜林的整个理论体系中已经司空见惯，它的"完成"（ausmachen）就像"熄灭"（ausmachen）一根点燃的蜡烛那般容易。除了强调自然规律的先在性，杜林没有提出任何实质性的东西。众所周知，在资本主义社会中，政治暴力非但没有扰乱既有的经济制度，反而作为工具在维护着它。"暴力仅仅保护剥削，但是并不造成剥削；资本和雇佣劳动的关系才是他受剥削的基础，这种关系是通过纯经济的途径而决不是通过暴力的途径产生的。"②

---

① Dühring: *Cursus der National-und Socialökonomie einschliesslich der Hauptpunkte der Finanzpolitik*. 2. theilw . umgearb . Aufl. Leipzig 1876. S.2 S.4。并参见《马克思恩格斯选集》第 3 卷，人民出版社 2012 年版，第 531 页。

② 《马克思恩格斯选集》第 3 卷，人民出版社 2012 年版，第 532 页。

不仅如此，杜林还一方面将生产和流通混为一谈，把流通视为生产的一个环节；另一方面否认生产对分配的决定作用，将分配看作与生产毫不相干的独立过程。为了进一步说明生产和分配的彼此独立，杜林再次运用先验主义方法，把社会生产和社会分配简化为最简单的元素，即个人在其意愿支配下的行为，就像他的《哲学教程》中用个人的自由意志的独立性推导绝对自由观念一样。此时，杜林的"两个人"论重新"粉墨登场"。他分析说，生产可以完全是一个人的自给自足，鲁滨逊以一己之力对抗自然界就是典型的例证。相反，分配则至少是两个人的事情，他们要么在平等的基础上商定各自的份额，要么由一方通过暴力来压迫另一方从事"经济的劳务"而各取所得。因此，从思维方式上看，用简单的一元论和二元论，就能够证明生产和分配的彼此独立、没有关联。

杜林的上述观点看似清晰明了，实则谬之千里。姑且不论错综复杂的现实经济生活绝不可被两个人的经济活动所代替，单从最简单的经济常识出发即可推翻它。若进一步追问，两个人之间进行分配的东西出自何处，答案必然无法出乎生产之外，杜林所谓的"经济的劳务"不过是生产或劳动的代名词。两个人之间的分配尚且如此，整个社会的分配活动更是取决于社会生产。正如恩格斯所说："我们已经知道，分配就其决定性的特点而言，总是某一个社会的生产关系和交换关系以及这个社会的历史前提的必然结果，只要我们知道了这些关系和前提，我们就可以确切地推断出这个社会中占支配地位的分配方式。"①

分配的不平等是经济的而非政治暴力的产物，它取决于一定的生产方式，特别是生产资料的占有形式。但凡存在着一部分人垄断生产资料的社会里，不论这些人是古希腊贵族、伊特鲁里亚神权领袖、古罗马市民、诺曼底公国男爵、美国奴隶主、瓦拉几亚公国领主，还是现代地主、资本家，自由或不自由的劳动者都在维持自身生活所必需的劳动时间以外，投入超额的劳动时间来为这些人生产生活资料。恩格斯认为，杜林之所以无视上述事实，执意用"两个人"论来说明政治暴力决定分配，是因为可以不用在各种分配方式的历史差别和具体原因上耗时费力，只需从社会历史领域复归超越它们之外的道德原则，以便"随心所欲地夸夸其谈"②。相应之下，解决分配不平等的途径，就成了合乎道德和正义的原则"降临"人间，变革社会的现实运动反倒变为毫不相干的事情。这显然是幼稚的、虚幻的想法。

杜林在分配不平等问题上的前后不一，亦能证明经济的自然规律的虚构。恩格斯指出，杜林首先在《我致普鲁士内阁的社会

---

① 《马克思恩格斯选集》第 3 卷，人民出版社 2012 年版，第 532 页。
② 《马克思恩格斯选集》第 3 卷，人民出版社 2012 年版，第 535 页。

陈条的命运》中，认为所有制和雇佣劳动是合乎社会发展的自然规律的；到了《国民经济学和社会经济学教程》中，他却又把这两者归结为暴力的产物，以及对经济的自然规律的歪曲。"所以无论如何，在考察财富的分配时，我们最好还是遵循现实的客观的经济规律，而不要遵循杜林先生关于正义和非正义的一时的、易变的主观想象。"①

　　在现代社会，如同杜林一样希冀正义迟早战胜分配的不正义，仅仅停留于这样的意识层面，来解决由分配不平等带来的贫富对立，实属历史的倒退。早在欧洲中世纪时期，梦想"千年王国"即将到来的宗教神秘主义者，便已意识到其时的阶级对立的非正义性。到了近代，16世纪的德国闵采尔派农民起义，就以消灭阶级对立和阶级差别为口号，英法资产阶级革命中也曾出现过同样的呼声。在恩格斯看来，现代无产阶级头脑中社会主义必然胜利的坚定信念、消灭阶级对立和阶级差别的强大共鸣，绝不是基于杜林关于正义与非正义的想象，而是根植于如下可感知的事实：生产力发展和分配方式，同资本主义生产方式之间的矛盾达到了不可调和的程度，以致只有在生产方式和分配方式中，发生足以消除一切阶级差别的变革，才能使现代社会避免被毁灭。

---

① 《马克思恩格斯选集》第3卷，人民出版社2012年版，第536页。

第二节　政治暴力论的头足倒置实质

政治暴力论是杜林社会经济学的基础和起点，也是后者同资产阶级政治经济学的主要区别。有鉴于此，恩格斯将批判的重点放在了政治暴力论上，用了三章的篇幅，来分别对暴力目的说、暴力本原说、暴力危害说进行了全面清算。

政治关系的形式是历史上基础性的东西，而经济的依存不过是一种结果或特殊情形，因而总是次等的事实。有些最新的社会主义体系把完全相反的关系的一目了然的假象当做指导原则，他们以为政治的从属似乎是从经济状态中产生的。当然，这些次等的结果本身确实是存在的，而且在目前是最能使人感到的；但是本原的东西必须从直接的政治暴力中去寻找，而不是从间接的经济力量中去寻找。

基于暴力的所有制……这种统治形式的基础不仅在于禁止同胞使用天然的生活资料，而且更重要得多的是在于强迫人们从事奴隶的劳役。

这种奴役必定经常在经济上表现出来，与此同时，各种不平等转变为经济的东西本身，这又成为扩大不平

等的新的原因。从事经济活动的人在平等的基础上的联
系，是两种可能的社会经济形式的联系。但在历史上，
这样的联系几乎纯属意识形态方面的假定。①

　　基于杜林的以上论述，不难归纳其暴力目的说的两个要义：
（1）一切经济现象都应该归结为政治原因即暴力；（2）一切历史
地形成的所有制均为"基于暴力的所有制"，后者就是人对人的
奴役。可是，杜林并没有对此给出任何充分的论述——不论是在
《国民经济学和社会主义批判史》《国民经济学和社会经济学教
程》中，还是在《哲学教程》中，反而大言不惭地宣称政治暴力
论的"十分独特"。在恩格斯看来，把政治原因视为历史上起决
定作用的东西，是典型的唯心主义做法，并且自古就充斥于全部
历史记载中，直到法国复辟时代（1814 年到 1830 年）才有所动
摇。显然，所谓的"独特"又一次暴露出杜林的狂妄无知。
　　杜林原本可以沿用鲁滨逊奴役"星期五"的例子，来证明迄
今为止的全部历史都是人对人的奴役。即便如此，如果进一步追
问：鲁滨逊为什么要奴役"星期五"呢？他怎样可以让"星期五"
从事"经济的劳务"呢？答案显而易见，除了生活资料即经济利

　　① Dühring: *Cursus der National-und Socialökonomie einschliesslich der Hauptpunk-te der Finanzpolitik*. 2. theilw . umgearb . Aufl. Leipzig 1876. S.4 S.5。并参见《马克思恩格斯选集》第 3 卷，人民出版社 2012 年版，第 537—538、541 页。

益，鲁滨逊从"星期五"那里别无他求。由于他占有了维持"星期五"生存所必需的生活资料，而使后者付出更多的劳动时间，来创造出大大超过其得到的生活资料。这样，杜林用以证明暴力是历史之基的例子，却推翻了本应证明的结论。就两者的关系而言，经济利益才是目的，暴力仅仅是达到目的之手段。一切奴役和压迫的事例都能证明这一点。诚如恩格斯所言："目的比用来达到目的的手段要具有大得多的'基础性'，同样，在历史上，关系的经济方面也比政治方面具有大得多的基础性。"①

同理，杜林把"基于暴力的所有制"归结为人对人的奴役，也颠倒了政治暴力与经济利益的关系。恩格斯指出，奴隶主只有掌握奴隶劳动所必需的生产资料和生活资料，也就是占有一定的超过平均水平的财产，才能够使用奴隶。从古罗马奴隶制到美国现代奴隶制均是如此。虽然财产可以依靠掠夺而得即建立在暴力基础上，但这绝非唯一方式，劳动、盗窃、经商、欺骗也能够取得财产。"无论如何，财产必须先由劳动生产出来，然后才能被掠夺。"②换句话说，唯有社会生产发展到一定阶段，从而分配的不平等达到一定程度，方可实现人对人的奴役。

至于杜林把暴力看作是"本原的东西"的说法，更是颠倒事实的无稽之谈。恩格斯分析说，政治暴力本身之所以取决于经济

---

① 《马克思恩格斯选集》第 3 卷，人民出版社 2012 年版，第 539 页。
② 《马克思恩格斯选集》第 3 卷，人民出版社 2012 年版，第 541 页。

力量，即支配大工业的权力手段，就在于暴力的达成必须诉诸一定的现实工具，而后者又必然是依靠经济力量生产出来的。"一句话，暴力的胜利是以武器的生产为基础的，而武器的生产又是以整个生产为基础，因而是以'经济力量'，以'经济状况'，以可供暴力支配的物质手段为基础的。"①

不止于此，再次审视杜林的暴力危害说，即政治暴力对经济的自然规律的歪曲，以及它作为"原罪"对全部社会历史的干涉，不难看出这一说法的谬误还在于，完全抹杀了政治暴力所起到的历史作用。恩格斯继续写道，出于进一步论证政治暴力之危害性的需要，杜林"煞费苦心"地以大地产经营离不开地主和被奴役者为例，去证明人对人的统治是人对自然界的统治的前提。不言而喻，这又是一个有违历史事实的虚构：一方面，人对自然界的统治和大地产经营显然不可等同视之，前者在范围上显然要远超后者；另一方面，大面积土地的开垦在不同的历史时期有着千差万别，绝不是地主和被奴役者之间的简单二元关系。

在各文明民族的历史初期，普遍难觅杜林所谓的"大地主"的踪影。举凡：印度和爱尔兰的大地产经营，最初是由氏族公社和农村公社而非大地主完成的；古日耳曼人的马尔克制度，作为氏族公社向土地私有制的过渡，是按地域关系由若干大小不等的

---

① 《马克思恩格斯选集》第 3 卷，人民出版社 2012 年版，第 546 页。

村落组成的土地公有私用的农村公社；在古希腊社会，土地也主要由独立的农民来耕种，贵族和部落首领的较大田产只是"昙花一现"；古罗马帝国末期的大庄园排挤小农而代之以奴隶，正是导致其灭亡的主要因素；只有奥斯曼土耳其帝国，才在其征服的东方社会推行了一种地主封建制度。到了欧洲中世纪，农民耕种土地是处于支配地位的生产方式。在美国北方，绝大部分土地是由自由农民开垦的；使用奴隶进行掠夺式耕作的美国南方大地主，反倒使土地愈发贫瘠。只有到了近代，大地产才由于地价的抬升和农业技术的进步，而大规模地参与荒地和牧场的开垦。恩格斯由此总结道："利用奴隶或徭役制农奴来征服自然界和开垦土地的大地主，纯粹是幻想的产物。"①

不仅如此，杜林在其证明过程中，并未对一个关键问题——统治阶级即统治关系和奴役关系的产生——作出任何实质性的回答。恩格斯认为，即使他试图用人对人的统治是人对自然界的统治的前提，来表明现代整个经济状况是构筑于阶级对抗之上的社会的历史产物，也无非是在说《共产党宣言》发表后已经成为老生常谈的事情，丝毫没有任何创见。通过对统治关系和奴役关系的说明，能够清晰地看到政治暴力的历史作用。"被统治者和被剥削者在任何时代都比统治者和剥削者多得多，所以真正的力量

---

① 《马克思恩格斯选集》第 3 卷，人民出版社 2012 年版，第 557 页。

总是在前者的手里，仅仅这一简单的事实就足以说明整个暴力论的荒谬性。"①

第三节　政治经济学概念的不求甚解

对政治经济学主要概念或基本问题的重新定义和论证，占据了《国民经济学和社会经济学教程》的大部分篇幅。相应之下，在清算杜林社会经济学的对象、方法和基础后，恩格斯深入批判了杜林关于财富、价值、货币、资本等主要概念的错误理解，逐一驳斥了杜林基于这些概念得出的生产规律和分配规律。

> 人的需要本身是有其自然规律性的，并且它的增加是有限度的……任何一种形式的实际的劳动，是健康人的社会的自然规律……如果欲望和需要缺少平衡力量，那么它们连儿童式的存在也难以保持，更不用说历史地逐渐上升的生活发展了。
>
> 财富……是对人和物的经济权力。
>
> 价值是经济物品和经济服务在交往中所具有的意

---

① 《马克思恩格斯选集》第 3 卷，人民出版社 2012 年版，第 558 页。

义。……一般说来，价值和以货币来表现这个价值的各种价格所依据的比较和估价的基本规律，撇开只给价值概念带来第二要素的分配不谈，首先存在于纯生产的领域中。自然条件的不同，使得创造物品的种种努力遇到或大或小的障碍，因而迫使人们付出或大或小的经济力量，这些障碍也决定……或大或小的价值。

除了自然界所造成的阻力……还有另一种纯社会的障碍……在人和自然界之间出现一种阻碍的力量，而这种力量仍旧是人。①

以人的需要和劳动为起点来探究社会经济的运行过程，是资产阶级政治经济学的理论共识。遵循这一前提，杜林把国民经济学的主要概念，归结为对满足人的需要的衡量尺度的表述，并从他所认为的两个彼此独立领域即生产和分配加以分别考察，得出了两个（组）主要概念。

其一，财富概念和福利概念。从生产和分配的角度来看，财富概念包括对物的经济权力或者生产能力的总和、对人的经济权力或者分配方式的总和。前一部分构成了福利概念。

---

① Dühring: *Cursus der National-und Socialökonomie einschliesslich der Hauptpunkte der Finanzpolitik*. 2. theilw . umgearb . Aufl. Leipzig 1876. S.14 S.18 S.26 S.29。并参见《马克思恩格斯选集》第 3 卷，人民出版社 2012 年版，第 566、567、568、569 页。

其二，价值概念，包括生产价值和分配价值的概念。价值概念的产生，同经济交往中衡量交往各方的物品和服务的尺度这一需要相适应。在经济生活中，价值的形成往往无法表现出来，具体显现的则为价格的产生过程。因此，价值就是价格。价值概念也应当从生产和分配两方面加以探究。就克服其受到的自然条件和社会力量而言，价值可以分为生产价值和分配价值。在确定分配价值的过程中，"两个人"中的一个受另一个的暴力压迫，要同时克服自然阻力和社会障碍，因而最终分配到的价值要小于其生产的价值。尽管如此，总有一种共同的东西作为衡量价值的基础，或者说价值的决定因素即劳动。一切劳动都是等价的，并无简单劳动和复杂劳动之分。与此同时，劳动又可以"归结为生存时间，而生存时间的自我维持又表现为对营养上和生活上一定数量的困难的克服"①。这就是说，用再生产费用来衡量价值。既然价值由劳动来衡量，劳动时间等于生存时间，而生存时间要依靠生活费用来维持，生活费用就是工资，那么，价值最终由工资来决定。

从根本上说，需要和劳动皆为社会历史的产物。随着社会生产力的发展和个人社会地位的改变，个人的需要也是不断变化

---

① Dühring: *Cursus der National-und Socialökonomie einschliesslich der Hauptpunkte der Finanzpolitik*. 2. theilw . umgearb . Aufl. Leipzig 1876. S.30。并参见《马克思恩格斯选集》第 3 卷，人民出版社 2012 年版，第 571 页。

的，没有什么一成不变的自然规律来决定它。在资本主义社会中，劳动仅仅作为谋生手段而存在，绝非人的自然规律即天性。恩格斯认为，杜林把劳动解释为自然规律和对需要的平衡力，又是虚构的结果，并且不过是对18世纪德国教育家罗霍夫的观点的抄袭。就其目的而言，杜林割裂了生产和分配之间的关系，用来解释财富概念和价值概念，还要从社会历史领域回到超越它之外的道德领域，以简单的二分法即生产方式是好的和分配方式是坏的，来解决问题。无视社会历史的事实，在财富问题上进行简单的二分，很明显犯了双重错误：第一，财富并非始终是对人的支配，古代氏族公社和农村公社的财富即为例证；第二，在构筑于阶级对抗上的社会中，财富对人的支配是通过对物的支配实现的。

到了价值概念的解释上，杜林的论述更加混乱、自相矛盾、错误百出。恩格斯具体分析说，除了最基本的经济常识，也就是以货币作为表现形式来将价值和价格等同起来，杜林关于价值的定义中再无任何内容，更没有说明价值的决定因素。准确地说，商品的价值没有生产价值和分配价值之分，它取决于生产商品的必要劳动时间，而不是笼统的、全部的劳动时间，更不是劳动本身、政治暴力和工资。工资所表现的劳动力的价值，是由生产这种商品所耗费的劳动时间决定的。正是由于没有对劳动和劳动力做出正确区分，杜林才提出等价劳动的谬论，犯了绝对平均主义的错误。"对于要把人的劳动力从它作为商品的地位解放出来的社会主义来说，极其重要的是要认识到，劳动没有任何价值，也不能有任何价值。""从这种认识产生了进一步的认识：只要分配为纯粹经济的考虑所支配，它就将由生产的利益来调节，而最能促进生产的是能使一切社会成员尽可能全面地发展、保持和施展自己能力的那种分配方式。"①

值得注意的是，杜林在解释价值概念时，从生产和分配的二分对资本概念作出了规定："经济的权力手段的主干，它被用来继续进行生产并形成一般劳动力成果中的份额。"② 他基于此将马克思的资本曲解为货币的产物，把剩余价值错误等同于利润，无端指责这是"历史幻想和逻辑幻想的杂种""冒充深刻的逻辑真理的轻率见解"。

尽管货币是资本的最初形式，但这绝不意味着资本产生于货币。恩格斯指出，商品流通与资本流通完全相反，前者以使用价值为目的，后者则是直接为了价值本身。资本家购买劳动力和生产资料进行生产，再卖掉生产出来的商品，来获得价值增殖也就是剩余价值。商品流通以等价交换为原则，而欺骗和暴力总是要

---

① 《马克思恩格斯选集》第 3 卷，人民出版社 2012 年版，第 581 页。

② Dühring: *Cursus der National-und Socialökonomie einschliesslich der Hauptpunkte der Finanzpolitik*. 2. theilw . umgearb . Aufl. Leipzig 1876. S.46。并参见《马克思恩格斯选集》第 3 卷，人民出版社 2012 年版，第 587 页。

牺牲一部分的利益，这两者都不能增加价值总额。因此，剩余价值只能来源于生产过程，从劳动力的使用价值上产生。资本家通过尽最大可能延长工人劳动时间的方式，使劳动力实际创造出来的价值，远远大于劳动力作为商品的价值本身。易言之，除了人身自由而一无所有的自由工人，是产生剩余价值的必要条件。

剩余价值的发现意义重大，由于马克思"说明了剩余价值是怎样产生的，剩余价值怎样只能在调节商品交换的规律的支配下产生，所以他就揭露了现代资本主义生产方式以及以它为基础的占有方式的机制，揭示了整个现代社会制度得以确立起来的核心"①。相形之下，杜林却天真地把剩余价值和利润混淆起来。恩格斯明确指出，马克思把资本区分为可变资本和不变资本，前者是指预付资本中购买生产资料的部分，它在生产过程中只会发生价值的转移而非改变；后者则为购买劳动力的、可以在生产过程中发生价值改变的资本。

由此可见，剩余价值是利润的来源，利润仅为剩余价值的派生形式，甚至常常只是剩余价值的很少部分。然而在资本家看来，利润是全部预付资本的产物，他们为了追求更好的利润而不可避免地展开竞争。这种竞争只可以改变剩余价值的分配，并不能改变剩余价值的来源，也无法改变整个社会的剩余价值总量。

---

① 《马克思恩格斯选集》第 3 卷，人民出版社 2012 年版，第 586 页。

因此，杜林对马克思剩余价值理论的责难——无法解答相互竞争的资本家，何以持续地按照远超生产费用的价格出售产品——根本是不成立的。"资本主义生产的内在规律在资本的外部运动中作为竞争的强制规律发生作用，并且以这种形式成为单个资本家意识中的动机。"①

不仅如此，杜林只从法律意义上解释地租，曲解地租和利润之间关系，认为地租是土地所有者本身从土地上得到的收入，它在土地所有者经营土地的情况下和利润不可分割。通过对地租理论和英国大地产的考察，恩格斯强调资本主义地租不是土地所有者从土地上得到的收入，而是农业工人创造的超过平均利润以上的剩余价值，反映的是地主和农业资本家对雇佣工人的剥削关系。

至于杜林总结的生产和分配的所谓基本规律，更是"从最无聊的陈词滥调中抽出两三个有时甚至措辞不当的不言而喻的语句"②。在他看来，生产的增长导致生产规律的发现，也就是"弄清使人的生产能力得以产生和发挥的原因"③，具体包括技术规律（经济手段的生产率因发明和发现而提高）、分工规律（经济职能

---

① 《马克思恩格斯选集》第 3 卷，人民出版社 2012 年版，第 586 页。

② 《马克思恩格斯选集》第 3 卷，人民出版社 2012 年版，第 604 页。

③ Dühring: *Cursus der National-und Socialökonomie einschliesslich der Hauptpunkte der Finanzpolitik*. 2. theilw . umgearb . Aufl. Leipzig 1876. S.69.

划分对劳动生产率的提高）、运输规律（距离和运输对生产力合作的作用）、人口规律（人口增加有助于生产力的发展）。分配规律体现的则为利益原则对个人和集体之间竞争关系的制约。不难看出，这些显然都是只谈概念名称而缺乏内容的臆想。

第四节　政治经济学说史的肆意歪曲

在理论史批判的基础上进行原理阐释，是杜林建构其理论体系的主要方式，其著作《国民经济学和社会主义批判史》和《国民经济学和社会经济学教程》、《哲学批判史》和《哲学教程》、《力学一般原理批判史》和《合成的物理和化学的新的基本规律》即为很好的例证。相应之下，对杜林的理论史批判的批判，是全面清算其理论体系的不可或缺的环节。其中，在批驳杜林的哲学史批判方面，恩格斯主要从《哲学教程》入手，用杜林本人论述的自相矛盾，来"评论这位贵人的历史观（即认为杜林之前的东西全都没有价值）"①，鲜有涉及《哲学批判史》的内容。关于杜林政治经济学说史批判的驳斥，则是由马克思完成的，后者对《国民经济学和社会主义批判史》的主要论断作了逐一摘录和反

---

① 《马克思恩格斯文集》第 10 卷，人民出版社 2009 年版，第 415 页。

驳①。恩格斯将马克思的相关评论，附在了《反杜林论》"政治经济学编"的最后部分，并在结尾处加上了总结杜林社会经济学实质的一段话。

　　经济学说是一种非常现代的现象。

　　关于古代的科学的经济理论，我们实在〈！〉没有任何积极的东西可以奉告，而完全非科学的中世纪，则对此〈对此无可奉告！〉更是没有什么可说的。然而，因为虚荣地炫耀博学外表的手法……败坏了现代科学的纯洁性，所以不能不至少举出几个例子，以资留意。

　　配第……对国民经济的论述还非常粗陋，……得出幼稚的看法，把这些看法加以对照……有时可以使比较认真的思想家发笑。

　　他（洛克）关于利息和铸币所写的东西，没有超出重商主义占统治地位时所流行的、以国家生活的各种事件为转移的思考范围。

---

　　① "附上《杜林评论》。读这个家伙的东西而不当即狠狠敲打他的脑袋，我是办不到的。仔细阅读它，要有耐心，手里还得拿着鞭子。现在，在我这样仔细阅读之后（而从李嘉图起的那一部分，我还没有读，其中必定还有许多奇谈怪论），我将能平心静气地欣赏它了。当你潜心阅读，对他的手法了如指掌的时候，你会觉得他是一个多少令人好笑的下流作家"（《马克思恩格斯全集》第 34 卷，人民出版社 1972 年版，第 38 页）。

如果魁奈采用真正自然的观察方法，如果他不仅放弃对于贵金属和货币量的考虑，而且还放弃对于货币价值的考虑……但是他只计算价值额，而且一开始就把纯产品想象〈!〉为货币价值。

人们在评价休谟时，大都总是带着很大的偏见来对待他，并且把他所完全没有的观念加到他的身上。①

从杜林的以上表述来看，其"历史记叙"是极其混乱的。他丝毫不顾政治经济学家及其流派的年代顺序，完全凭借个人喜好进行编排。杜林在评述配第和洛克等人的思想后，竟然直接进入重农学派的分析，然后再跳回来赋予休谟以近代政治经济学始祖。马克思指出，杜林之所以把政治经济学定位为现代现象，就在于凸显他自己的"原创之功"。尽管政治经济学作为一门独立学科是在近代出现的，但商品的生产和交换、货币和生息资本等经济现象，早在古希腊社会中就已经存在。包括柏拉图、亚里士多德、色诺芬等在内的古希腊思想家，均对社会经济生活做出了独到而深刻的各种见解，为政治经济学的发展奠定了理论基础。例如，柏拉图关于分工之于国家的重要性的描述，色诺芬将分工

---

① Dühring: Kritische Geschichte der Nataionalökonmie und des Socialismus. 2. theilw. umgearb. Aufl. Leipzig 1876. S.12 S.16 S.30 S.64 S.108 S.126。并参见《马克思恩格斯选集》第4卷，人民出版社2012年版，第609、610、614、619、630、624页。

程度的决定因素归结为市场范围，以及亚里士多德对商品的交换价值与使用价值的明确区分等。可是，杜林却认为古代经济学不值一钱，多么的无知与狂妄！

作为英国古典政治经济学的先驱，配第认识到劳动生产率与商品价值之间的反比例关系，"还明确而概括地谈到商品的价值是由等量劳动（equal labour）来计量的"①。当然，配第未能准确理解价值的内涵，即生产商品所耗费的必要劳动时间，故而将价值、交换价值和价格混为一谈。马克思不仅指出了配第在价值概念上的混乱理解，而且揭示出导致这种混乱的根源在于，没有看到价值的本质及社会性，也就是价值所表征的人与人之间的生产关系。与之相比，杜林则把配第的价值理论，污蔑为"相当轻率的思维方法""幼稚的看法""不完整的痕迹"，根本没有提及其思想进步的一面。在马克思看来，如此这般的避重就轻是杜林的惯用手法，"他'以前'用一句毫无内容的话来暗示什么东西，以便'以后'要读者相信，他'以前'早就知道了事情的要点，事实上，上述作者在以前和以后都是避开了这种要点的"②。

同样，杜林关于法国古典政治经济学创始人布阿吉尔贝尔的评述，也是错误百出的。他非但没有理解布阿吉尔贝尔反对货币作为财富的观点，反而将货币代替贵金属执行流通的职能，仅仅

---

① 《马克思恩格斯选集》第 3 卷，人民出版社 2012 年版，第 615 页。
② 《马克思恩格斯选集》第 3 卷，人民出版社 2012 年版，第 615—616 页。

归结为主观愿望。正如马克思所说:"纸蝴蝶,即单纯的货币符号,在公众中飞舞,并不是为了'抛弃'贵金属基础,而是为了把贵金属从公众的钱袋诱入空虚的国库里去。"①

秉承配第把利息和地租相提并论的做法,洛克主张利息自由,认为货币是流通工具而非国家财富;诺思进一步将利息理解为与地租相对立的资本的租金,并提倡自由贸易。"但是,洛克只是有条件地接受配第所要求的利息自由,而诺思则无条件地加以接受。"②换言之,洛克和诺思已经超越了以货币为财富的重商主义,从而在18世纪下半叶对法国和意大利的政治经济学的发展,产生重大且多方面的影响。对此,杜林却视而不见,妄言洛克和诺思的货币学说仍属于重商主义,甚至把他们贬低到普通商人的水平。

与此同时,杜林过度拔高了反对洛克货币学说的休谟的理论地位。殊不知,休谟的货币数量理论和利息学说,分别沿袭了范德林特和马西的理论,并无独到的洞见。不止于此,休谟还不甚了解价值本身从而以贵金属作为价值尺度的职能,只能在"纠正"洛克的所谓错误见解的过程中越来越糟,以致认为贵金属主要具有的是虚构的价值。"他在这个问题上不仅远不如配第,而且远不如他同时代的一些英国人。他仍然用老一套办法赞扬'商人'

---

① 《马克思恩格斯选集》第3卷,人民出版社2012年版,第618页。

② 《马克思恩格斯选集》第3卷,人民出版社2012年版,第620页。

是生产的第一盘发条，这个观点早已被配第所抛弃，所以他在这一点上也表现得同样'落后'。"①

杜林关于重农学派特别是魁奈《经济表》的攻击，即纯产品以自然对象的形式进入流通而成为维持不生产阶级的要素，与纯产品的货币价值之间的矛盾，也是不知所云的谬论。马克思分析说，魁奈的《经济表》，是在土地租佃大规模出现的情况下，采用固定价值和简单再生产，研究生产阶级、地租占有阶级（租地农场主和土地所有者）、工商业阶级之间的流通，把这些阶级在生产年度内的一切买卖都合算成一个总数。可见，《经济表》以简单而巧妙的方式，非常准确地回答了纯产品在国民经济循环中的变化发展，强调了生产领域的基础性地位，在政治经济学说史上具有重要意义，尽管它对于国家总财富的生产和流通的分析有着不少错误。显然，杜林是在根本不了解《经济表》的前提下就妄加评论。除此之外，他更不知道整个重农学派的发展史，错误地认为这个学派截至杜尔哥便已终结。但事实上，杜尔哥之后的米拉波，曾促使法国立宪会议将重农学派的一些基本原则，如对土地所有者的地租所得征收双重税等，变为了政策付诸实施，又何谈在理论上和实际上终结呢？

总而言之，杜林是全凭个人喜好来叙述政治经济学学说史

---

① 《马克思恩格斯选集》第 3 卷，人民出版社 2012 年版，第 625 页。

的。凡是能为其直接用来进行理论拼凑的，不论思想深浅程度如何、是否得到理论公认，都在杜林那里成为了"无可比拟的卓越的大人物"。例如，采用历史方法论证国民经济发展并主张德国实行对外扩张的李斯特，力图证明资产阶级生产关系具有内在和谐性的凯里，拓展了信用创造资本的庸俗理论的麦克劳德，等等。相反，一些对于政治经济学的发展具有扛鼎之功的重要思想家，如首次尝试建立政治经济学体系的詹姆斯·斯图亚特，被杜林"大笔一挥"就勾销了，没有在《国民经济学和社会主义批判史》中留下片语只字。这种"具有伟大风格的历史记叙"的价值，远不如那些被杜林冠以"最流行的东拼西凑的教科书"、"白水似的作品"、"老生常谈"和"施给乞丐的稀汤"①的经济学理论。正是在这种意义上，恩格斯对杜林社会经济学的实质的总结——"最初为自我吹嘘、大吹大擂、许下一个胜似一个的诺言付出了巨大的'耗费'，而后来的'成果'却等于零。"②——无疑是鞭辟入里的。

---

① 《马克思恩格斯选集》第3卷，人民出版社2012年版，第640页。
② 《马克思恩格斯选集》第3卷，人民出版社2012年版，第642页。

第七章

马克思主义政治经济学的集中展现

马克思主义政治经济学，是马克思主义理论体系的基本组成部分之一。"使马克思的理论得到最深刻、最全面、最详尽的证明和运用的是他的经济学说。"① 通过批判杜林的社会经济学，特别是经济自然规律的虚构、政治暴力论对经济关系与政治暴力的头足倒置，以及对需要、劳动、财富、价值、资本、生产规律和分配规律等政治经济学主要概念的曲解，恩格斯集中展现了马克思主义政治经济学的基本观点，主要包括政治经济学的对象和方法、经济基础与上层建筑的关系和剩余价值学说，同时也为理解

---

① 《列宁选集》第2卷，人民出版社2012年版，第428页。

科学社会主义奠定了基础。

第一节　政治经济学的对象和方法

　　就其研究对象而言，政治经济学有着广义和狭义之分。其中，最广意义上的政治经济学，"是研究人类社会中支配物质生活资料的生产和交换的规律的科学"①，或者说，是"一门研究人类各种社会进行生产和交换并相应地进行产品分配的条件和形式的科学"②。从恩格斯的定义来看，广义政治经济学的研究范围涵盖人类各种社会形态，以整个人类社会的生产、交换和分配及其支配规律为研究对象。生产和交换之间相互联系、相互制约。生产是交换的基础，因为交换一开始即为产品的交换。在不同的条件下，在不同的国家及其世代中，人们的生产与交换的状况迥异。因此，政治经济学对于一切国家和全部时代都是一样的，它在本质上是一门历史科学。也就是说，政治经济学所涉及的是历史材料，它只有完成了对生产和交换的每个发展的特殊规律的研究，才能概括出使用了一般性生产和一般性交换的普遍规律。

　　伴随着一定的生产方式和交换方式在历史中的形成，也产生

---

　　①　《马克思恩格斯选集》第 3 卷，人民出版社 2012 年，第 525 页。
　　②　《马克思恩格斯选集》第 3 卷，人民出版社 2012 年，第 528 页。

了一定的产品分配方式。换言之，生产和交换是分配的历史前提与决定因素。恩格斯举例说，在其所由发展的历史前提下，大农业和小农业有着截然不同的分配方式，进而出现阶级差别及其不同作用：从事农业生产的个人之间的差别乃至对立，是大农业的前提或结果；相反，它在小农业中的存在，则标志着小农经济的开始瓦解。

当然，分配绝不只是生产和交换的消极的产物，它反过来也制约着生产和交换的发展。每个新的生产方式和交换方式在产生之初，都不可避免地受到旧的分配方式的阻碍。只有经过长期的斗争，新的生产方式和交换方式才能取得适应于自己的分配方式。正如恩格斯所说："某种生产方式和交换方式越是活跃，越是具有成长和发展的能力，分配也就越快地达到超过它的母体的阶段，达到同当时的生产方式和交换方式发生冲突的阶段。"① 相比于古代农村公社可以在印度社会中存在千年之久才解体，现代资本主义生产取得统治地位尚不足百年，就已经造成了使其走向灭亡的分配上的对立。

当一定的生产方式和交换方式处于没落时期，其分配方式也会被当作非正义的事物加以批判。空想社会主义对资本主义分配方式的批判即是如此。然而，只依靠道德和法的批判根本无法解

---

① 《马克思恩格斯选集》第 3 卷，人民出版社 2012 年版，第 527 页。

决任何问题，更不能代替作为经济科学的广义政治经济学。在恩格斯看来，经济科学的任务在于："证明现在开始显露出来的社会弊病是现存生产方式的必然结果，同时也是这一生产方式快要瓦解的征兆，并且从正在瓦解的经济运动形式内部发现未来的、能够消除这些弊病的、新的生产组织和交换组织的因素。"① 人们当前掌握的关于经济科学的全部材料，几乎都只局限于资本主义生产本身，所以，广义的政治经济学尚待创造。

相对而言，狭义政治经济学专门以资本主义的生产方式和交换方式，以及与之相适应的分配方式为研究对象。作为资本主义生产的理论表达，狭义政治经济学最早以重商主义的形式出现。产生并流行于 15 世纪至 17 世纪中叶西欧的重商主义，主要探讨商业活动和致富方式，并未对生产本身给予太大的关注。直到18 世纪，狭义政治经济学才在重农学派和亚当·斯密那里得到了正面阐述。恩格斯继续写道，"它可以和同时代的伟大法国启蒙学者的成就媲美，并且也带有那个时代的一切优点和缺点"②。尽管狭义政治经济学确证了劳动创造财富和生产创造价值的事实，但它从未质疑私有财产的合理性，并且没有把资本主义生产本身作为批判对象。按照它的理解，政治经济学不是它所处时代的经济关系和人的需求的表现，而是永恒理性的表现；其所发现

---

① 《马克思恩格斯选集》第 3 卷，人民出版社 2012 年版，第 528 页。
② 《马克思恩格斯选集》第 3 卷，人民出版社 2012 年版，第 529 页。

的生产规律和分配规律，不是由历史赋予的生产和分配的形式的规律，而是从人——正在转变为资产者的中等市民——的本性中引申出来的永恒自然规律。狭义政治经济学在研究方法上的上述缺陷，完全被杜林继承了下来。

从真正意义上批判资本主义生产，同时包括肯定的和否定的方面。换言之，既要揭示资本主义生产方式和交换方式的历史必然性和进步性，又要说明资本主义分配方式的局限性和必然灭亡性："从批判封建的生产形式和交换形式的残余开始，证明它们必然要被资本主义形式所代替，然后把资本主义生产方式和相应的交换形式的规律从肯定方面，即从促进一般的社会目的的方面来加以阐述，最后对资本主义的生产方式进行社会主义的批判，就是说，从否定方面来表述它的规律，证明这种生产方式由于它本身的发展，正在接近它使自己不可能再存在下去的境地。"[1] 恩格斯指出，这种批判同时也证明了社会主义运动的必然性：与资本主义生产方式和交换方式相适应的分配方式，已经日益成为资本主义生产本身所无法忍受的桎梏，它突出表现为越来越少却堆金如玉的资本家，和越来越多却一无所有的雇佣工人之间的日益尖锐的对立；最后，为有计划地合作而组织起来的社会，势必占有资本主义生产方式所创造的但无法再驾驭的巨大生产力，以最

---

① 《马克思恩格斯选集》第 3 卷，人民出版社 2012 年版，第 528—529 页。

大程度地保证社会全体成员都能够自由发展其才能。

当然，对于批判资本主义生产本身来说，仅仅掌握资本主义的生产方式、交换方式和分配方式是远远不够的。恩格斯认为，在方法上，只有对资本主义的生产形式、交换方式和分配方式，同这些方式以前的各种形式或者它们在不发达国家内的形式之间，进行研究和比较、至少是概括性的研究和比较，才能真正地完成对它的批判。总体而言，马克思主义政治经济学能够进行这种研究和比较。

第二节　经济基础与上层建筑的关系

根据马克思主义政治经济学的观点，政治经济学以生产方式、交换方式和分配方式及其规律为研究对象，但不是孤立地研究它们，而是从生产力与生产关系之间、经济基础与上层建筑之间的相互作用和矛盾运动出发，来考察社会生产关系的。通过对杜林社会经济学中政治暴力论的驳斥，恩格斯正面阐述了经济利益对暴力手段的决定作用、经济力量对暴力工具的支配作用，以及政治暴力对经济发展的反作用，集中展现了马克思主义政治经济学中的经济基础与上层建筑的相互作用观点。

在批判了杜林暴力目的说对经济利益与暴力手段关系的颠

倒之后，恩格斯以私有财产或私有制产生与发展的历史过程为例，论述了经济利益对暴力手段从而经济基础对上层建筑的决定作用。在他看来，私有财产在历史中的出现绝非暴力和掠夺的结果，相反，它早在原始公社制度下即已存在，尽管只限于个别的对象：一方面，社会生产的发展促进了分工的扩大和剩余产品的出现，使得集体劳动逐步过渡到个人劳动，从而财产平均分配制度的不断瓦解；另一方面，分工的扩大又推动了交换的形成和发展，逐渐从不同公社之间过渡到同一公社成员内部，加剧了公社各个成员财产状况的不平等，最终导致私有制的产生。私有制的发展程度越高，公社内部成员的私有财产状况越不平等，旧的土地公有制就被埋葬得越深，原始公社瓦解为小农乡村就越迅速。在这里，暴力显然没有起到任何作用。即使在土地公有制基础上形成的原始贵族，如凯尔特人、日耳曼人和印度旁遮普等那里，最初也是基于自愿和习惯而非基于暴力。可见，私有财产的形成到处都是源于经济因素，或是由于生产关系和交换关系的改变，或是为了提高生产和促进交换。

同样，资本主义生产方式的产生和雇佣劳动制度的出现，亦皆为纯经济原因所说明，而不能用暴力、国家或政治干预等去解释。恩格斯认为，简单的商品生产瓦解原始公社的土地公有制之后，经历了一个漫长的发展过程而转变为资本主义生产。在价值规律的作用下，简单的商品生产造成生产者之间的竞争，并最终导致少数人成为占有生产资料和生活资料的资本家，绝大多数人则沦为一无所有的、只能依靠出卖自己的劳动力来维持生存的雇佣工人。此时，最初在简单商品生产表现为等价物之间的交换，之所以已经变为表面上的交换，一来是因为用以同劳动力相交换的资本，本身只是没有付出等价物就占有他人劳动产品的一部分；二来就在于这部分资本不仅必须由它的实际生产者（工人）来补偿，而且在补偿时还要加上新的剩余价值。在这种情况下，丝毫不见暴力的踪影。

究其实，资本主义生产的形成与发展过程即为资产阶级的发展史。它昭示着经济利益对暴力手段的决定作用，而不是相反。如果颠倒了这两者的关系，把政治状态视作经济状态的决定性原因，就会将现代资产阶级歪曲为"封建制度自愿生产的宠儿"，而不是"在反对封建制度的斗争中发展起来的"①。恩格斯分析说，资产阶级同封建贵族的斗争，是城市反对乡村、工业反对地产、货币经济反对自然经济的斗争。在这个斗争中，资产者以由于工业发展和商业扩展而不断增长的经济权力作为武器，暴力手段则始终是封建贵族的工具。资产阶级革命的成功归根结底就在于经济原因。

即使在社会革命中诉诸暴力，也说明了经济利益对暴力手段

---

① 《马克思恩格斯选集》第3卷，人民出版社2012年版，第543页。

的决定作用。恩格斯继续写到，暴力革命之目的不在于使经济状况适应政治状态，而在于摒弃一切旧的政治事务，创造适合于新的经济状况的政治的和法的环境，使经济状况在能够赖以存在的政治状态中蓬勃发展起来。随着生产力的发展不断突破资本主义统治的政治"外壳"，资产阶级就日益成为脱离生产活动而获得固定收入的阶级，就日益成为社会的多余乃至障碍。"它不是用任何暴力的戏法，而是以纯经济的方法，实现了它自己的地位的变革，并造成了新的阶级，即无产阶级。"① 这种不可抗拒的结果的出现，是不以资产阶级的意志和愿望为转移的。资产阶级所拥有的生产力的发展水平，大大超过了其驾驭能力，致使整个资本主义社会走向变革甚至灭亡。此时，运用暴力手段来挽救日趋瓦解的经济状况，显然无济于事。

　　除了经济利益对暴力手段的决定作用，恩格斯在《反杜林论》中所正面阐述的经济基础决定上层建筑观点，还表现为通过批判杜林暴力本原说来论述经济力量对暴力工具的支配作用。为此，恩格斯专门梳理了欧洲陆军和海军的武器发展史：在陆军中，从 14 世纪初火药和火器在西欧的采用，到 18 世纪初燧发枪及步兵线式队形的出现，再到美国南北战争中散兵战的发明，以及法国大革命中的全民武装制度和步兵纵队队形的产生，直至普奥战

---

① 《马克思恩格斯选集》第 3 卷，人民出版社 2012 年版，第 545 页。

争中的强迫征兵制度与普法战争中后装线膛枪的使用；海军的变革更为彻底，克里木战争后的 20 年内，军舰就从搭载不到百门火炮的两三层的木质帆船，发展为一种巨大的装甲的、装有各式重炮的螺旋推进式蒸汽舰。这些事实足以证明："暴力还是由经济状况来决定的，经济状况给暴力提供配备和保持暴力工具的手段。"①

在强调经济基础决定上层建筑的同时，恩格斯还阐述了上层建筑的相对独立性及其反过来对经济基础的影响。基于对杜林暴力危害说的批判，特别是他对政治暴力的历史作用的抹杀，恩格斯从统治阶级即统治关系和奴役关系的形成的两种途径入手，阐明了政治暴力的历史作用：其一，它作为一种政治权力，在一定的经济的、社会的职能基础上形成后，就会具有相对的独立性。其二，政治暴力对于经济发展的反作用，即促进或阻碍经济的发展。"或者它按照合乎规律的经济发展的精神和方向发生作用，在这种情况下，它和经济发展之间没有任何冲突，经济发展加快速度。或者它违反经济发展而发生作用，在这种情况下，除去少数例外，它照例总是在经济发展的压力下陷于崩溃。"②

具体而言，政治统治建立于执行一定的社会职能之上，并且只有在执行这种社会职能时才能维持下去，这是统治阶级形成的

---

① 《马克思恩格斯选集》第 3 卷，人民出版社 2012 年版，第 546 页。
② 《马克思恩格斯选集》第 3 卷，人民出版社 2012 年版，第 563 页。

第一条路径。恩格斯指出，尽管原始公社内部成员具有某种社会地位的平等，但个别成员已经开始承担维护一些共同利益的工作，如解决争端、防止越权、监督用水和宗教仪式等。"不言而喻，这些职位被赋予了某种全权，这是国家权力的萌芽。"① 尔后，随着社会生产力的逐渐提高、人口数量的增长和新的分工的出现，在不同的公社中间又产生了各种利益整体及其代表机构。由于职位的世袭和不同利益集团之间冲突的增多，这些机构愈发必不可少。它对于每个公社是特别的甚至对立的事物，进而更具独立性。于是，执行一定的社会职能的公仆成为统治阶级，这些社会职能也相应地成为政治统治。

奴隶的出现是统治阶级形成的第二条路径。诚如恩格斯所言："在古代世界、特别是希腊世界的历史前提之下，进步到以阶级对立为基础的社会，这只能通过奴隶制的形式来完成。"② 当生产力发展到这样的程度，以致劳动力创造的产品大大超过了维持劳动力所需的数量，并且具备了使用这些劳动力的生产力之时，原始公社本身及其所属的利益集团，却远不足以提供多余的可供自由支配的劳动力。此时，过去被简单杀掉甚至吃掉的战俘就可以获得新的价值，人们让他们活下来进行劳动，奴隶制度和统治阶级由此产生。在劳动生产率极其低下的情况下，借助奴隶

---

① 《马克思恩格斯选集》第 3 卷，人民出版社 2012 年版，第 559 页。
② 《马克思恩格斯选集》第 3 卷，人民出版社 2012 年版，第 561—562 页。

劳动来提高和进一步发展社会生产，是奴隶制最初的经济进步。它的形成充分表明，不是政治暴力支配经济发展，而是政治暴力被迫为经济发展服务。从历史上看，统治阶级和被压迫阶级之间的一切对立，都可以从劳动生产率的相对不发展中得到说明。

不仅如此，政治暴力还在历史中起着革命的进步作用。马克思将暴力革命比作"每一个孕育着新社会的旧社会的助产婆"①。恩格斯也强调，暴力革命"是社会运动借以为自己开辟道路并摧毁僵化的垂死的政治形式的工具"②。历史上每一次暴力革命的胜利，都是为了解放生产力，并且给革命阶级带来巨大的精神鼓舞，无产阶级也不例外。通过暴力革命来推翻资产阶级的统治，建立无产阶级专政，可以改变旧的生产关系从而为新的生产力的发展开辟道路。

第三节　剩余价值学说的主要内容

剩余价值学说是马克思主义政治经济学的核心，是理解马克思主义政治经济学的钥匙。通过驳斥杜林对政治经济学主要概念的不求甚解，诸如将需要和劳动归结为自然规律的荒谬性、对财

---

① 《马克思恩格斯文集》第 5 卷，人民出版社 2009 年版，第 861 页。
② 《马克思恩格斯选集》第 3 卷，人民出版社 2012 年版，第 564 页。

富概念的错误解释及其目的、对价值概念的混乱理解与自相矛盾、对马克思资本概念的无端指责、对剩余价值的全然无知等，恩格斯正面阐述了剩余价值学说的主要内容，包括商品价值的本质及其决定因素、剩余价值的本质与资本主义剥削的秘密等。

作为商品的属性，价值是一个历史范畴，是凝结在商品中的无差别的人类劳动即抽象劳动。抽象劳动构成商品交换中进行比较和计量的共同基础。正如马克思所说："商品的价值是由体现在商品中的社会必要的、一般人的劳动决定的，而劳动又由劳动时间的长短来计量。"① 劳动虽为一切价值的内在尺度，却不能直接用来计量价值。商品价值的大小，一般取决于社会平均必要劳动时间。

抽象劳动是相对于具体劳动来说的，各种具体劳动之间有着实际的差别。为了便于计算，对商品价值进行规约和量化处理，马克思提出了简单劳动和复杂劳动的概念。所谓简单劳动，就是在一定的社会条件下不需要经过特别的专门训练，每个劳动者都能够从事的劳动。复杂劳动则为简单劳动的复合，并且在现实中和简单劳动无时无刻地相互转化。耗费较少时间的复杂劳动生产的产品，可以与耗费较多时间的简单劳动生产的产品相交换，这两者在相同时间内创造的商品价值量是不同的。因此，复杂劳动

---

① 《马克思恩格斯选集》第 3 卷，人民出版社 2012 年版，第 572 页。

只是自乘的或者多倍的简单劳动。换句话说，复杂劳动与简单劳动之间的通约，是通过人们的普遍交换来完成的，是生产者背后的客观物质过程和社会化过程。对此，恩格斯评价说："马克思在这里确证的是今天的资本主义社会中每天在我们眼前发生的简单的事实。"①

在逐一剖析了杜林关于价值概念上的各种错误解释，阐明商品价值的决定因素之后，恩格斯进一步澄清了马克思对资本概念的理解。诚然，马克思从考察资本的历史形成和现实运动出发，得出了商品流通的最后产物货币是资本的最初表现形式。但是，这绝不意味着资本产生于货币中，更不能说明货币本身即为资本。相反，资本和货币是反映着不同社会生产关系的经济范畴。恩格斯指出，货币的本质在于充当一般等价物的特殊形式上，它表征着商品生产者之间的社会生产关系；而体现着资本家与雇佣工人之间社会生产关系的资本，在本质上是能够实现自行增殖的价值。只有在一定的社会生产关系下，货币才能转化为资本。

那么，货币是如何转化为资本的呢？或者说，剩余价值是怎样产生的？恩格斯继续写道，马克思首先区分了商品流通和资本流通这两种不同的流通形式，指明前者的目的在于获得使用价值即为买而卖，后者则是为了价值本身即为卖而买。在资本流通

---

① 《马克思恩格斯选集》第3卷，人民出版社2012年版，第578页。

中，资本家首先购买劳动力和生产资料进行生产，再把产品卖掉来实现价值增殖。这个价值增殖的部分就是剩余价值。然而，剩余价值既不能产生于流通领域，因为商品交换本身是按照等价原则进行的；也不能来源于欺骗，因为欺骗总是依靠一些人利益的牺牲而无法增加价值总额。一言以蔽之，尽管剩余价值是资本流通的产物，但流通本身不能创造剩余价值。唯有劳动力方为剩余价值的源泉。资本家总是最大限度延长工人的劳动时间，使劳动力实际创造的价值远超资本家为它偿付的价值，以获得尽可能多的剩余价值。由此可见，剩余价值是从生产过程中产生的。

随着马克思以上述方式说明了剩余价值的产生，他就揭示了现代资本主义生产方式和与之相适应的占有机制，以及整个现代社会制度得以确立起来的核心。恩格斯进一步强调，货币转化为资本即剩余价值的产生，还应当以自由工人为根本前提。此处的自由，具有人身自由和一无所有的双重含义。这就是说，工人能够把自己的劳动力当作商品来自由支配，并且除这种商品外再无其他可以用来出卖的商品，他为了维持生存而只能出卖自己的劳动力。自由工人作为货币转化为资本的先决条件，进一步表明资本是通过物（商品）来表现的资本家对雇佣工人的剥削关系。

剩余价值和利润（利息、地租）之间有着严格的区分，将这两者混淆起来就意味着掩盖资本主义剥削的秘密。通过区分不变资本和可变资本，马克思阐明了剩余价值和利润的区别与联系。

其中，不变资本是资本中购买生产资料的部分，可变资本则为购
买劳动力的那部分资本；前者在生产过程中只会发生价值量的转
移而非改变，后者才能改变价值量的大小。显然，剩余价值是由
可变资本带来的，利润则在资本家那里是全部预付资本的收益。
剩余价值才是利润的本质和来源，利润"只是剩余价值的一种派
生形式，甚至常常只是剩余价值的一小部分"①。在此基础上，恩
格斯分析说，剩余价值被各类资本家分割为工业利润、商业利
润、利息和地租等不同部分的剥削收入，进而以相对独立的形式
为各个剥削集团所占有。换句话说，剩余价值是资本主义社会的
全部剥削的来源。同样，资本主义的生产规律也是追求剩余价值
最大化的规律。

---

① 《马克思恩格斯选集》第 3 卷，人民出版社 2012 年版，第 593 页。

第八章
对杜林社会主义改良论的深刻剖析

在杜林的"共同社会"体系中，社会主义改良论是整个体系的落脚点。按照杜林的观点，"共同社会"体系不仅要提出和分析问题，还必须从根本上解决问题，指明未来的行动和发展的方向。其中，在人与人的关系以及社会各阶级之间的关系方面，就是如何消灭基于暴力的所有制，实现普遍公平原则的问题。为此，杜林在《国民经济学和社会主义教程》中提出了"自由经济公社"的构想。在这个由经济公社组成的"共同社会"里，基于暴力的所有制以及与之并存的人对人的奴役，都将被彻底消灭，"在政治方面和社会方面都是自由的人在经济上的独立自主"①。只有经过这样改良的社会主义，才能真正实现普遍公平，其他的社会主义特别是马克思和恩格斯所主张的社会主义，皆应受到严厉的批判与彻底的扬弃。鉴于杜林的上述无端指责，恩格斯在《反杜林论》"社会主义编"的第三章至第五章中，从经济公社生产方式的非革命性、经济公社分配方式的非现实性、未来国家和公民教育的虚构性三个方面，对杜林的社会主义改良论的实质进行了深刻剖析与充分反驳。

第一节　经济公社生产方式的非革命性

与"哲学编""政治经济学编"的整体叙述结构截然不同的是，《反杜林论》"社会主义编"的前两章皆为正面阐述的内容，主要包括空想社会主义的总体评述和科学社会主义的内容概括。这种"积极的批判"的作用是不言而喻的，它能够最直接有效地回应杜林的无端指责与恶意中伤，更无须浪费笔墨在上面，转而可以直接批判杜林社会主义改良论的核心——经济公社构想。出于本书论证方式一致性的需要，在此暂且不表恩格斯正面阐述科学社会主义的内容，首先分析他对杜林经济公社构想的批判。

---

① Dühring: *Cursus der National-und Socialökonomie einschliesslich der Hauptpunkte der Finanzpolitik*. 2. theilw . umgearb . Aufl. Leipzig 1876. S.515.

经济危机不过是过度紧张和松弛之间的一场寻常的游戏，……不仅仅是由于私人企业的无计划的积累而引起的，……个别企业家的急躁和个人考虑不周，也应该算做造成供给过剩的原因。

经济公社……是具有人类历史意义的广泛的模式，……是人们的共同体，这些人由支配一个区域的土地和一批生产企业的公共权利相互联合起来，共同活动，共同分配收入。

公共权利是对自然界和生产设备的纯粹公共的关系上的……对物的权利，……它不应该和外界……相隔绝，因为在各个经济公社之间存在着根据一定的法律和行政规范规定的迁徙自由和接受新社员的必要性……就好像……现在人们从属于某一政治组织和参与村镇的经济事务一样。

经济公社的扩展首先像政治社会领域一样地广大，这个领域的成员联合成一个统一的权利主体，并且由于这种身份而支配着整个土地、住宅和生产设备。①

---

① Dühring: *Cursus der National-und Socialökonomie einschliesslich der Hauptpunkte der Finanzpolitik*. 2. theilw . umgearb . Aufl. Leipzig 1876. S.316 S.320 S.370 S.374。并参见《马克思恩格斯选集》第 3 卷，人民出版社 2012 年版，第 674、675、676 页。

　　基于一种唯心主义的认识，即社会主义不是历史发展的结果和现代经济条件下的产物，而是根植于普遍公平原则的"最后的终极真理"，杜林根本不能正确理解经济危机的实质和作用。在他看来，周期性的工业危机不过是对经济发展常态的偶然偏离，故而起不到推动社会变革的历史作用。更有甚者，杜林还将经济危机的归因于道德方面，以道德非议取代经济事实，用个别生产者的所谓"过度急躁"和群众的消费不足掩盖生产过剩。

　　对此，恩格斯针锋相对地指出，自剥削阶级和被剥削阶级产生以来，群众的消费不足，即他们的消费只限于并且只能维持自己生存和延续后代，是构筑于阶级剥削之上的一切社会形式的一个必然条件，资本主义社会亦不例外。经济危机则是资本主义社会的特有现象。换句话说，群众的消费不足，虽作为经济危机的先决条件并在其中起作用，却仅仅是对历史事实的描述而已，根本不能说明过去没有危机和现时存在危机的原因。用消费不足来解释经济危机，并非杜林所独创，而是起源于西斯蒙第；尔后，洛贝尔图斯借用了这种说法，而杜林又从洛贝尔图斯那里直接照搬了过来。事实上，制铁业和纺织业中经济危机诸象均已表明，导致杜林所谓的"急躁"或"考虑不周"的原因，正是资本主义生产的无计划本身。杜林的错误在于颠倒了这两者的关系。

　　至于杜林所"精心构筑"的经济公社，无非是完全按照资本主义生产方式来结成的经济组织，只是用公社来代替资本家而已，没有任何革命性可言。恩格斯继续分析说，作为经济公社的基础，"公共的权利"即"按照政治原则人人拥有参加的权利"①自相矛盾。某个经济公社对其劳动资料的公共权利，对于其他经济公社从而整个"共同社会"来说，是排他的所有权。这种排他的所有权即竞争在经济公社中普遍存在，并导致富裕公社和贫穷公社之分。但与此同时，全国性的商业组织又要消灭各经济公社间的产品竞争。要言之，"物被置于竞争之外，而人仍旧要服从于竞争"②。此外，公共权利的自相矛盾性还表现为，在个别公社为了生产而支配自己的劳动资料的背后，真正具有支配权的终究却是整个"共同社会"。

对于包括资本主义生产方式在内的全部社会生产方式而言，分工——社会内部分工和生产机构内部分工——是基本形式和有力杠杆。恩格斯认为，分工在带来社会生产的总体丰富性的同时，也把人束缚于单一的、被分割的劳动中，也就是人的能力的固化、个性的片面化甚至畸形发展。人类历史上的第一次社会大分工、城市和乡村的分离，就立即破坏了农民的精神发展的基础和市民的肉体发展的基础；它不仅使农民陷于长达数千年的愚昧状态，还使市民为单一的手艺所奴役。到了工场手工业中，工人

---

① Dühring: *Cursus der National-und Socialökonomie einschliesslich der Hauptpunk-te der Finanzpolitik*. 2. theilw . umgearb . Aufl. Leipzig 1876. S.377.

② 《马克思恩格斯选集》第 3 卷，人民出版社 2012 年版，第 676 页。

失去了丰富多样的生产兴趣和生产才能，沦为某种局部劳动的自动工具。而大工业的机器则彻底使工人成为机器的附庸。

然而，杜林却把分工的后果归结为按照事物本性发展的不可避免的结果，并且错误地认为分工起源于人的才能的不同，进而天真地提出"只要注意到各种不同的自然状况的事实和个人的能力"①，就可以消除分工的后果。恩格斯对此批判道，解决分工问题的关键不在于像杜林那样指出"错误的分工"在起支配作用，而在于找到这样"错误的分工"的具体表现和产生原因。正是劳动资料和生产者之间关系的颠倒，即劳动资料支配生产者而非生产者支配劳动资料，才导致了分工的后果。因此，唯有诉诸彻底的社会革命来消灭旧的生产方式，方可消除分工的后果。

早在杜林之前，空想社会主义者即已正确认识到，分工的后果在于工人和劳动本身的畸形发展。例如，傅立叶和欧文就明确提出消灭城乡对立，以及个人通过尽可能全面的技术活动来获得全面发展。相形之下，杜林仍旧局限于如下幼稚的观念中："无须从根本上变革旧的生产方式，首先无须废除旧的分工，社会就可以占有全部生产资料；只要'注意到……自然状况和个人的能

---

① Dühring: *Cursus der National-und Socialökonomie einschliesslich der Hauptpunkte der Finanzpolitik*. 2. theilw . umgearb . Aufl. Leipzig 1876. S.272. 并参见《马克思恩格斯选集》第 3 卷，人民出版社 2012 年版，第 678 页。

力’，就一切都解决了。"① 要言之，经济公社的生产方式根本不
具有革命的一面。在恩格斯看来，只有真正地了解大工业，特别
是在大工业的真正发源地并且唯一使其获得典型发展的英国中认
清它的现实状况，才能够看到大工业的生产条件中包含着的消灭
资本主义生产方式的基本矛盾的革命因素的萌芽，才可以避免科
学社会主义的浅薄化，以致降低到杜林社会主义改良论的程度。

第二节　经济公社分配方式的非现实性

在批判杜林社会经济学时，恩格斯即已指明这一理论的一大
谬误在于，全然无视生产对分配的决定作用，把这两者看作是没
有任何关联的、相互独立的领域。整个杜林社会经济学都可以归
结为如下命题："资本主义的生产方式很好，可以继续存在，但
是资本主义的分配方式很坏，一定得消失。"② 相应之下，杜林所
构建的经济公社绝不会触动资本主义生产方式，只是用普遍公平
原则在观念上消除资本主义分配方式。易言之，经济公社无非是
杜林的上述命题在幻想中的实现。从这一点出发，恩格斯对经济
公社分配方式进行了详细剖析和深入反驳。

---

① 《马克思恩格斯选集》第 3 卷，人民出版社 2012 年版，第 684—685 页。
② 《马克思恩格斯选集》第 3 卷，人民出版社 2012 年版，第 686 页。

在经济公社中，一种劳动……按照平等估价的原则和别种劳动相交换……贡献和报酬在这里是真正相等的劳动量。

自由经济社会的体系……仍旧是一个巨大的交换组织，它的活动，是通过贵金属提供的基础进行的。我们的模式和一切模糊的观念——甚至现在流行的社会主义观念的最合理的形式也还没有脱离这种模糊观念——的不同之处，就在于对这个基本特性的绝对必要性有所认识。

贵金属的生产，仍然像现在一样，是规定货币价值的决定因素……由此可见，在经过变更的社会制度中，对于价值以及产品借以进行交换的比例来说，决定原则和尺度不但没有丧失，反而第一次恰如其分地得到了。

经济上的权利要求的原则平等，并不排除对公平所要求的东西再自愿地附加上特别赞许和尊敬的表示……当社会通过适当地增添消费来表彰摆在较高位置的工种时，社会只是表示对自己的尊敬。①

---

① Dühring: *Cursus der National-und Socialökonomie einschliesslich der Hauptpunkte der Finanzpolitik*. 2. theilw . umgearb . Aufl. Leipzig 1876. S.193 S.201 S.224 S.227。并参见《马克思恩格斯选集》第 3 卷，人民出版社 2012 年版，第 686、686—687、687、687—688 页。

　　延续批判杜林社会经济学的思路，恩格斯一语点破了经济公社分配方式的实质，即分配完全取决于纯粹的自由意志。究其实，经济公社的分配方式就是根据等量劳动交换原则实行的交换。于是，作为劳动报酬的工资成为收入的唯一形式，产品剩余和资本积累及其带来的剥削也就消除了，普遍公平原则亦随之实现。杜林的这一构想看似具有一定的合理性，实则充斥着矛盾因而无法付诸实践。生产决定分配，而生产的发展离不开积累。在社会生产力不够发达的情况下，必须依靠剩余劳动从而资本积累来维持社会再生产。此时，实行等量劳动即用多少就换多少，意味着社会生产的原地踏步，进而社会生产的停滞不前。不仅如此，个人的劳动能力之间的现实差别是无法消除的，经济公社内部成员之间和公社之间不可避免地出现贫富分化，也就是产生私人积累。正如恩格斯所说："因为积累是社会的必需，而货币的保存是积累的方便形式，所以经济公社的组织就直接要求它的成员去进行私人积累，从而破坏公社自身。"①

　　经济公社中交换的内容尚且如此（自相矛盾因而无法实现），其交换的形式必然也是矛盾重重。恩格斯指出，劳动等量交换是以取消货币之于商品流通的中介作用为前提。但与此同时，杜林又把贵金属货币作为经济公社中交换的中介。这里的金属货币显

---

　　① 《马克思恩格斯选集》第 3 卷，人民出版社 2012 年版，第 689 页。

然不能再执行货币的职能，只是衡量商品所包含的劳动时间的劳动券而已，因为经济公社中的交换纯粹是实物交换，当人们直接用劳动时间来计量商品价值之时，贵金属货币就完全是多余的。

可是，在世界市场上，贵金属货币仍然是价值尺度、一般支付手段、世界货币、财富的表现方式。经济公社成员自然不能"独善其身"。"由于贵金属的这种特性，在经济公社的单个社员面前，出现了贮藏货币、发财致富和放高利贷的新的动机，即对公社和在公社范围以外自由地、独立地行动，并在世界市场上使积累的个人财富增殖的动机。……变成了银行家的货币贮藏者和高利贷者也就是经济公社和商业公社本身的主人。"① 要言之，与经济公社原则相违背的私人积累依然不可避免。

相比于空想社会主义者欧文最早提出的劳动券的概念清晰与目的明确，杜林关于这个问题的认识是混乱而模糊的。欧文认为，在劳动产品公平交换市场中，用标明一定的社会必要劳动时间的劳动券取代货币，就能够消除剥削，实现公平交换。这里的劳动券，既不是货币，也不能流通；它只是实现共有与利用社会资源的一个过渡形式，充其量是使英国公众更容易于接受共产主义的一个手段。然而，杜林却将劳动券滥用为货币，甚至把手段当作目的。饶是如此，杜林还大言不惭地宣称其他社会主义者尚

---

① 《马克思恩格斯选集》第 3 卷，人民出版社 2012 年版，第 692 页。

未脱离"模糊观念"，这确实值得彻底批判一番。

　　杜林在经济公社中的商品交换问题上之所以充斥着"奇怪的迷误和混乱"，就在于对价值和货币的知之甚少。为了正本清源，恩格斯再次从正面阐述了商品价值的本质及其决定因素，也就是商品价值所表征的现实关系。他指出，商品兼具个人属性与社会属性，当它不是为个人消费而为社会消费而生产时，就转化为社会产品。在这个意义上，有价值的商品具有以下内涵：首先，它是对社会有用的产品；其次，它是由个人为其打算而生产出来的；再次，它虽为个人劳动的产品，却同时又是通过社会方法即用交换来确定的一定量的社会劳动的产品；最后，其他的商品而非劳动本身和劳动小时，是表现某个商品价值的量的方式。由此可见，商品价值是相对的，它的衡量是以交换为中介来完成的。为了便于商品价值的计量和化约，人们在交换中逐渐用某种特殊的商品作为商品价值的表征。于是，就产生了货币。

　　既然商品价值是个人产品中包含的社会劳动的表现，那么，在这里已经有个人劳动与社会劳动之间出现差别乃至对立和矛盾的可能。尤其是在社会生产方式不断进步之时，生产者个人越局限于旧的生产方式，越能感受到个人劳动与社会劳动的差别。全部生产者个人创造的商品数量超过社会需要的情况下亦然。另一方面，既然一个商品的价值只能用另一个商品来表现，并且只有在和后者交换时才能实现，那么，在这里也包含着交换不能成立或者商品的真实价值于交换中无法实现的可能。恩格斯继续写道，即使劳动力成为商品，也不能避免个人劳动与社会劳动的差别、交换无法完成、商品的真实价值没有实现的可能。"因此，在产品的价值形式中，已经包含着整个资本主义生产形式、资本家和雇佣工人的对立、产业后备军和危机的萌芽。"① 这样看来，杜林用"真正的价值""劳动的价值"来废除资本主义的分配方式，只是一厢情愿的幻想。

所谓"劳动的价值"，属于自相矛盾的说法，其目的只在于通过把过去积累的生产资料集中到社会手中，使未来积累的生产资料重新分配给个人。如此一来，就剥夺了积累之于社会进步的作用，至多达到社会贫富变化的程度。恩格斯分析说，根据等量劳动交换原则实行的交换，如果还具有某种意义的话，就是价值规律这个商品生产的基本规律，也就是商品生产的最高形式，即资本主义生产的基本规律，因为"价值概念是商品生产的经济条件的最一般的、因而也是最广泛的表现"②。但是，杜林却将这个规律提升为经济公社的基本规律，这等于把现实的规律幻想为未来的规律，用幻想来消灭价值规律的现实表现，其结果注定是没有任何出路。

---

① 《马克思恩格斯选集》第 3 卷，人民出版社 2012 年版，第 698 页。
② 《马克思恩格斯选集》第 3 卷，人民出版社 2012 年版，第 698 页。

第三节 国家形式和公民教育的虚构性

杜林所构想的经济公社，是与他拟定的未来社会制度相适应的，包括国家形式和公民教育等。这是《哲学教程》"社会和历史"篇和"一切集体活动的社会化"篇的主要内容。有鉴于此，恩格斯在批判经济公社生产方式的非革命性和经济公社分配方式的非现实性之后，从杜林所设想的未来国家的自相矛盾、消灭宗教观点的虚构性、在家庭方面的构想的落后性、关于公民教育的谬论等方面，展开对杜林关于未来社会发展方向的构想，即"共同社会"的政治层面的批判。

假定人和人之间在一切方面都要协定，如果这些协定以相互帮助、反对不正当的侵害为目的，那么，多数人同他们成员的关系就完全不一样了。这时，维护权力的力量就只会加强；而仅仅从群众对个人或多数对少数的优势中，就引申不出任何权利。

在理解集体意志的作用时，最微小的错误都会毁灭个人的主权，而这种主权正是唯一能从中引申出真正权利的东西。

在自由的社会里，不可能有任何膜拜；因为每一个社会成员都克服了幼稚的原始想象：以为在自然背后或自然界之上有一种可以用牺牲或祈祷去感动的存在物。

随着膜拜以及和膜拜联系在一起的宗教〔的消失〕，〔它们对〕迄今为止的权利规定和权利机构的相应的次要影响也在消失。①

从上述内容中不难看出，杜林将"个人的主权"规定为未来国家的基础，并且在其中真正地达到全盛状态。在恩格斯看来，这种做法显然是对卢梭社会契约论的拙劣模仿，并且掺杂了黑格尔法哲学的粗制滥造之物。众所周知，卢梭认为，订立社会契约，即形成共同体和其各个成员之间的权利约定，是人类社会从自然状态转向社会状态的关键。根据社会契约，全部的社会成员同意把个人权利让渡给国家，国家则必须维护全体成员的自由、平等、生命和财产，以体现全部社会成员的公意。社会契约一旦被破坏，人们有权取缔它，也就是用暴力重新夺回被暴力夺去的权利。同样，黑格尔也表达了个人主权皆源于国家和法的说法。

不仅如此，杜林所说的"个人的主权"是自相矛盾的，既肯定从多数对少数的优势中无法引申任何权利，却又强调从代表着

---

① 〔德〕杜林：《哲学教程——严密科学的世界观和人生观》，郭官义、李黎译，商务印书馆 1991 年版，第 247—248、248、263、264 页。并参见《马克思恩格斯选集》第 3 卷，人民出版社 2012 年版，第 702、703 页。

多数人的集体意志中可以得出真正的权利。究其实，国家是阶级矛盾不可调和的产物，是阶级统治的工具。强调"个人的主权"之于国家的基石作用，完全掩盖了国家的阶级实质。诚如恩格斯所言："当国家终于真正成为整个社会的代表时，它就使自己成为多余的了。"① 然而，在杜林的"共同社会"中，国家及各种国家机器仍旧存在。这无疑是极其荒唐的。构筑于"个人的主权"之上的未来国家，不过是酷似宗教天国的事物。"在那里，信徒在大彻大悟中总是能重新找到使他的人间生活带有甜蜜色彩的那种东西。"② 但与此同时，杜林又试图用强制的办法来消灭宗教。可见，杜林"精心"设计的未来国家，实乃自相矛盾的、不能实现的。

为了进一步驳斥杜林在国家与宗教的关系上的谬误，恩格斯详尽阐释了宗教的本质属性、发展过程、存在根源与消灭条件。他分析说，一切宗教都不过是某种外部力量在人们头脑中的幻想的反映；在这个反映中，这种人间的外部力量以超人间的力量的形式，支配着人们的日常生活。起初，宗教表现为人们对未知的自然力量的幻想。随着社会的进步与发展，人们逐渐摆脱自然界的神秘力量的支配，宗教亦相应地获得社会属性，成为历史力量的象征，也就是产生神的形象。当诸神的自然属性和社会属性都

---

① 《马克思恩格斯选集》第 3 卷，人民出版社 2012 年版，第 668 页。

② 《马克思恩格斯选集》第 3 卷，人民出版社 2012 年版，第 703 页。

转移到一个万能神的身上时，而这个神又不过是抽象的人的反映，就产生了神教。宗教尽管可以作为支配着人的异己力量而存在，但其根源在于人的经济关系。"宗教反映活动的事实基础就继续存在，而且宗教反映本身也同这种基础一起继续存在。"① 因此，只有变革社会经济关系的行动的完成，"当社会通过占有和有计划地使用全部生产资料而使自己和一切社会成员摆脱奴役状态的时候"②，宗教才会真正的消失。

可是，杜林已然无法静待宗教这样"自然地死亡"。他认为，宗教根本不能作为实现"共同社会"的手段，相反，它从根本上削弱争取更完善社会形式的斗争。希冀现实社会的贫困可以在彼岸世界得到补偿，就是一种迷信。这种迷信直接违背了"共同社会"的普遍公平原则。因此，未来国家应当颁布更为严厉的禁止宗教的法令，坚决抵制包括天主教在内的一切宗教，甚至不惜发动宪兵直接镇压宗教。这些做法比对待宗教以"铁血"著称的俾斯麦有过之而无不及。在没有从根本上变革社会经济关系的情况下，杜林消灭宗教的强制办法非但无效，反而帮助宗教"殉道"和延长"生命"。

那么，在消灭了宗教这一人的异己力量之后，"共同社会"中的个人又将何去何从呢？杜林从家庭和教育两个方面分别进行

---

① 《马克思恩格斯选集》第 3 卷，人民出版社 2012 年版，第 704 页。
② 《马克思恩格斯选集》第 3 卷，人民出版社 2012 年版，第 705 页。

了"设计"。在他看来，未来家庭的形式及功能只在于教养儿童和继承遗产，并且这种形式是亘古不变的、自古罗马法以降就确立下来的。此外，家庭作为"小型的政治统一体，无论在什么地方，都要与国家的总的形式相适应"①。恩格斯对此批判道，家庭不论采取何种形式，皆应取决于它所处的社会经济状况。换言之，家庭的形式和功能是由社会生产关系决定的，其形式因而随着社会生产方式的发展而改变。这是马克思在《资本论》中已经揭示出的结论。显然，杜林将家庭形式永恒化的做法要相形见绌，其思想水平弗如空想社会主义者甚远，后者毕竟指明了青年教育的社会化，从而家庭成员之间的真正自由关系，会随着个人自由结成社会和个人家务劳动转化为公共事业而直接产生。

　　至于杜林关于公民教育的各种主张，不论是数学、天文学、力学和物理学方面的知识，还是植物学与动物学的内容，都是从儿童科普读物中直接照抄而来的。此外，对宗教的排斥致使杜林只能以历史虚无主义的态度对待美学教育，其狭隘的民族主义倾向又使得语文教育沦为技术性的语法。总而言之，除了"十足小学生的'知识'"，再无任何内容。正如恩格斯所反讽的："这些'知识'经过事先彻底'清洗'以后留下来的东西，不能全部'最终地转入基本知识的行列'，因为杜林先生的知识实际上从来没

---

　　①　[德] 杜林:《哲学教程——严密科学的世界观和人生观》，郭官义、李黎译，商务印书馆 1991 年版，第 266 页。

有脱离过这一行列。"①

　　值得注意的是，尽管杜林认识了教育和劳动相结合的意义，即技术训练对科学教育的实践基础的保障作用，但由于维护旧的生产方式和分工的立场而最终无所建树。相较于空想社会主义者欧文的相关论述——即如马克思在《资本论》中指出的——生产劳动同智育和体育的结合"不仅是提高社会生产的一种方法，而且是造就全面发展的人的唯一方法"②，杜林所谓的个人均按照"劳动"一词的最严格意义而劳动，这样的空谈根本不值一提。更有甚者，个人在接受了杜林所谓的教育之后，居然是为了择优选择两性结合，进而更好地繁衍后代，从根本上消灭畸形人。在恩格斯看来，如此这般关于恋爱、婚姻、怀孕、生育的"和谐"，恐怕比最儿戏的胡说八道还要昏热，不值得再作任何批判。

---

① 《马克思恩格斯选集》第 3 卷，人民出版社 2012 年版，第 710 页。
② 《马克思恩格斯文集》第 5 卷，人民出版社 2009 年版，第 557 页。

第九章

科学社会主义的历史与理论阐述

　　通过与杜林的思想论战来正面阐述马克思主义体系，并不意味着正面阐述必须以"消极的批判"为起点。在杜林对马克思和恩格斯的社会主义学说进行肆意歪曲与恶意中伤的情况下，逐一反驳这些毫无价值的内容，不仅大费周章而且收效甚微。此时，诉诸"积极的批判"即正面阐述科学社会主义的主要内容，不失为行之有效的方法，因为任何无端的指责与攻击，都会在正本清源和澄清事实的过程中受到强有力的回应。正是基于上述考量，恩格斯在《反杜林论》"社会主义编"的前两章中，深刻阐明了社会主义从空想到科学的发展，为变革社会的现实运动指明了方向。

第一节　对空想社会主义的考察与评判

延续《反杜林论》"引论"的内容，恩格斯将空想社会主义看作是科学社会主义创立前的主要理论表现之一。相应之下，考察空想社会主义产生的历史条件和主要内容，进而评判其理论得失，成为对科学社会主义进行正面阐述的理论前提。

空想社会主义的产生，与克服资本主义弊端密切相关。恩格斯指出，随着 19 世纪初资产阶级逐渐取得统治地位，资本主义制度日趋完善，资本主义生产方式的矛盾也开始不断显现。根据 18 世纪法国启蒙家的理性原则建立起来的资本主义社会，非但没有实现理性王国，反而出现了诸多乱象：推翻封建专制统治的法国人，为了摆脱雅各宾派的革命恐怖而最终托庇于拿破仑的专制统治；启蒙思想家允诺的永久和平，变成了一场无休无止的掠夺战争；贫富对立没有消除，并且由于调和这种对立的行会特权和慈善措施的取消而更加尖锐化；劳动者的普遍贫困成为资本主义发展的必要条件，因为他们不得不将自己的劳动力作为商品出卖以维持生存；革命的箴言"博爱"在竞争中沦为猜忌，"平等"则在商业中变成欺诈；暴力作为社会权力"第一杠杆"的地位，为金钱所取而代之，等等。

一言以蔽之，广大被剥削的劳动者于资本主义社会中，感到了极大的灾难和痛苦，希冀建立一个新的社会。于是，代表着他们摆脱资本主义制度的期许的空想社会主义应运而生。正如恩格斯所描述的这样："同启蒙学者的华美诺言比起来，由'理性的胜利'建立起来的社会制度和政治制度竟是一幅令人极度失望的讽刺画。那时只是还缺少指明这种失望的人，而这种人随着新世纪的到来就出现了。"①

　　然而，19世纪初的资本主义生产方式尚未得到充分的发展，资本主义社会的主要矛盾和阶级对立没有尖锐化，决定了空想社会主义的不成熟性。用恩格斯的话说，"不成熟的理论，是同不成熟的资本主义生产状况、不成熟的阶级状况相适应的。"② 一方面，解决大工业所产生的生产力与旧的生产方式之间的冲突，以及大工业所产生的各个阶级之间的冲突，同时依赖于大工业所产生的生产力的充分发展。另一方面，无产者刚结成新阶级的"胚胎"，并不具有独立进行政治革命的能力。这就是说，解决社会问题的物质条件和社会力量尚不具备，"解决社会问题的办法还隐藏在不发达的经济关系中，所以只能从头脑中产生出来"③。空想社会主义带有空想性的原因即在于此。

　　那么，空想社会主义的理论内容是什么呢？对此，恩格斯分

---

① 《马克思恩格斯选集》第3卷，人民出版社2012年版，第644页。
② 《马克思恩格斯选集》第3卷，人民出版社2012年版，第645页。
③ 《马克思恩格斯选集》第3卷，人民出版社2012年版，第645页。

析和评价了圣西门、傅立叶和欧文的主要观点。在恩格斯看来，圣西门的理论贡献主要表现在以下方面：第一，用人人劳动的实业制度，消除不劳而获者剥削和压迫劳动者的社会弊病，使劳动者即财富创造者真正占有财富；第二，主张在未来理想社会中，政治将由阶级社会中的对人的统治力量，转变为管理物的和指导生产的力量；第三，指明法国大革命的实质为阶级斗争，即无产者和有产者之间的对立；第四，指出维护当时欧洲的繁荣与和平的保障在于英法德同盟。正是由于上述内容中包含着后来的社会主义者的思想萌芽，恩格斯赋予圣西门以"天才的远大眼光"的高度评价，尽管后者没有认识消灭私有制和废除雇佣劳动制度之于未来理想社会的作用，也没有理解社会发展的动力以及无产阶级的历史作用。

在批判资本主义制度和揭示资本主义社会矛盾方面，傅立叶要比圣西门深刻得多。恩格斯继续写道，傅立叶将资本主义制度看作是"复活的奴隶制"，把它所导致的无政府状态归结为文明制度的罪恶，并且产生个人利益与社会利益的对立、生产过剩的经济危机、贫富差距悬殊等社会矛盾，以及妇女受奴役和受压迫的地位，甚至被直接当作可以买卖的对象。更为重要的是，傅立叶将整个社会历史划分为蒙昧、野蛮、宗法和文明四个发展阶段，直指文明即资本主义社会处于自身不断制造矛盾又无法解决矛盾的"恶性循环"运动中，以此反对资本主义制度具有永恒性的观点，并且辩证地断言每个历史阶段都有它的上升期和下降期。"正如康德把地球将来会走向灭亡的思想引入自然科学一样，傅立叶把人类将来会走向灭亡的思想引入历史研究"①。

当政治革命风暴席卷法国之时，英国正经历着一场看似平静实则同样有力的经济变革的洗礼。于是，不同于法国人圣西门和傅立叶从政治层面揭示资本主义剥削和压迫的根源，英国人欧文对资本主义剥削和压迫的经济根源的了解更为深刻。其理论要义被恩格斯总结如下：首先，私有制是资本主义的万恶之源，它从根本上导致了贫富对立，致使资本家把工人当作获得利润的工具，造成了人与人之间的隔绝等；其次，产业革命后机器的普遍使用，原本用以造福整个人类，反而成为资本家榨取工人的工具；最后，经济危机是资本主义制度的必然产物，唯有消灭资本主义私有制方可消除经济危机。除此之外，恩格斯还指出欧文将其理论付诸实践的诸多做法，特别是组织了合作社和劳动市场。这些实践活动虽然均以失败而告终，但并未当作"医治一切社会弊病的万灵药方，而只是被描写为激进得多的社会改造的第一步"②。

总的来说，恩格斯对空想社会主义的理论贡献和历史局限，作出了客观的评价。相形之下，杜林却以高度轻蔑的态度来看待

---

① 《马克思恩格斯选集》第3卷，人民出版社2012年版，第648页。

② 《马克思恩格斯选集》第3卷，人民出版社2012年版，第651页。

空想社会主义者，把他们贬低为"社会炼金术士"，这充分说明了他关于空想社会主义的一无所知。颇具讽刺性的是，一味贬低空想社会主义者的杜林本人，只不过是空想社会主义者的模仿者。如果说空想社会主义的空想性尚且情有可原，因为产生它的资本主义还处于原始积累的时代，新的社会所需的各种要素尚未在旧社会中显现出来，使得空想社会主义者只能求助于理性，从头脑中构建未来理想社会；那么，处于资本主义已经得到较为充分发展的时代的杜林，仍旧诉诸孕育着"最后的终极真理"的原则即理性，构想出所谓的"共同社会"，就是一种历史的退步，理应被彻底抛弃。

第二节　资本主义生产方式的基本矛盾

随着资本主义社会的生产状况和阶级状况的成熟，社会主义势必从空想走向科学。那么，究竟什么是科学社会主义呢？换句话说，何为科学社会主义的思想基础与理论实质。

按照唯物主义历史观的基本观点，一切社会的基础在于生产和它相伴随的产品交换。生产什么、怎样生产和交换，决定着产品的分配和与之相伴而生的阶级划分。因此，社会形态的演进和政治变革的终极原因，应当归结为生产方式与交换方式的更迭，而不在于永恒真理或正义观念的推动。由此可见，人们对资本主义社会制度之不合理性的批判与日俱增，一方面是既有的社会制度不再适应于生产方式和交换方式的发展；另一方面表明已经发生变化的生产关系本身，已经或多或少地包含着消除社会弊病的手段。

以上述基本观点作为思想基础来审视科学社会主义，不难发现其理论实质在于，新的生产力与资本主义生产方式之间的实际冲突在思想上的反映，"是它在头脑中，首先是在那个直接吃到它的苦头的阶级即工人阶级的头脑中的观念上的反映"①。恩格斯指出，资本主义生产方式是同封建制度的地方特权、等级特权和个人束缚是不相容的。随着封建制度为资产阶级所摧毁，以及资本主义社会制度的建立，资本主义生产方式得以自由发展。与此同时，机器的普遍使用使得旧的工场手工业发展为大工业之后，整个社会的生产力以前所未闻的速度和规模发展起来。然而，正像工场手工业在得到充分发展时同封建行会之间的冲突一样，大工业获得较为充分发展以后，也和资本主义生产方式发生冲突。这种冲突既不产生于人的头脑中，又不依存于引发它的那些人的意志或行动，而是客观地存在于事实中。

上述冲突表现为资本主义生产方式的基本矛盾，就是社会化

---

① 《马克思恩格斯选集》第3卷，人民出版社2012年版，第656页。

大生产与生产资料的资本主义私有制之间的矛盾。恩格斯分析说，以劳动者私人占有生产资料为基础的小生产，即小农农业和城市手工业，是前资本主义的主要生产方式。此时，生产者个人普遍使用自己的生产资料来制造产品，故而自然地占有劳动产品，根本不存在劳动产品的归属问题。其后，经过简单协作、工场手工业和机器大生产三个阶段，资本主义生产方式得以完全确立起来。较之前资本主义生产方式的自发的无计划的分工、个体生产，资本主义生产方式的有组织的有计划的分工、社会化大生产，具有更为强大的力量：凭借着比个体生产所制造的产品的较低价格，社会化大生产在一个接一个的部门中取得胜利，直至使全部旧的生产方式发生革命。

可是，按照社会化方式生产的产品却归资本家占有，而不再属于真正使用生产资料和真正生产这些产品的人，因为资本家占有了生产资料。生产资料乃至生产本身虽已实现社会化，却仍然服从于以个体生产为前提的占有形式。易言之，资本主义生产方式虽然消灭了这个占有形式的前提，改变了占有形式的性质，但没有扬弃这个占有形式本身。矛盾由此产生。诚如恩格斯所言："赋予新的生产方式以资本主义性质的这一矛盾，已经包含着现代的一切冲突的萌芽。新的生产方式越是在一切有决定意义的生产部门和一切在经济上起决定作用的国家里占统治地位，并从而把个体生产排挤到无足轻重的残余地位，社会化生产和资本主义占有的不相容性，也必然越加鲜明地表现出来。"①

　　社会化大生产与生产资料的资本主义私有制之间的矛盾，一方面表现为无产阶级和资产阶级的对立。恩格斯继续写到，早在资本主义生产方式之前便有雇佣劳动，但它只是作为一种例外或者副业而存在。时常外出打零工的农业劳动者单凭手中的土地也能糊口，行会制度的目的在于使帮工成为师傅。随着生产资料的社会化并集中于资本家手中，小生产者个人的生产资料和产品的愈发失去价值，直至唯有受雇于资本家方可活下去。相应之下，雇佣劳动从一种生产的例外状态变为整个生产的通例，从生产者的副业变为工人的唯一职业；暂时的雇佣劳动者变为终身的雇佣劳动者，并且由于封建制度的崩溃——封建主扈从人员的解散和农民的驱离——而大量增加。"集中在资本家手中的生产资料和除了自己的劳动力以外一无所有的生产者彻底分离了"②，最终变成了无产阶级和资产阶级的对立。

　　社会化大生产与生产资料的资本主义私有制之间的矛盾，另一方面表现为个别生产的有组织性和社会生产的无政府状态之间的对立。根据恩格斯的解释，在以商品生产为基础的私有制社会中，社会生产的无政府状态占据统治地位，因为全部的生产者个人都无法控制商品的交换关系，他们既不清楚其商品在市场上的

---

① 《马克思恩格斯选集》第 3 卷，人民出版社 2012 年版，第 658 页。
② 《马克思恩格斯选集》第 3 卷，人民出版社 2012 年版，第 659 页。

出现数量和需要几何，也不知晓这些商品是否真正为人所需和能否卖出并收回成本。早在商品生产的有限交换即自给自足的中世纪社会，社会生产的无政府状态就已经开始萌芽。随着商品生产的扩展特别是资本主义生产方式的出现，生产者个人日益变得独立而分散，社会生产的无政府状态已经表现出来并愈发走向极端。但是，加剧社会生产的无政府状态的却是它的直接对立物："每一单个生产企业中的生产作为社会化生产所具有的日益加强的组织性。"① 以个别生产的有组织性为杠杆，资本主义生产方式使商业竞争从地方性扩及全国性，加之大工业与世界市场的形成，商业竞争日趋普遍性且空前激烈。"在资本家和资本家之间，在工业部门和工业部门之间以及国家和国家之间，生死存亡都取决于天然的或人为的生产条件的优劣。"②

显然，资本主义生产方式的基本矛盾根本无法从其自身中加以解决。这种毫无出路就在于资本主义生产的"恶的循环"，即周期性的经济危机。在恩格斯看来，每次经济危机都会经历危机、萧条、复苏和繁荣四个阶段，如此反复不已，繁荣阶段往往预示着下一次经济危机的到来。在经济危机中，社会化大生产与生产资料的资本主义私有制之间的矛盾发展到剧烈爆发的程度：商品流通的暂时停滞；货币成为流通的障碍；生产和流通的一切

---

① 《马克思恩格斯选集》第 3 卷，人民出版社 2012 年版，第 660—661 页。
② 《马克思恩格斯选集》第 3 卷，人民出版社 2012 年版，第 661 页。

规律都颠倒过来了；经济上的冲突达到顶点，即生产方式反对交换方式、生产力反对生产方式，等等。

经济危机的出现充分表明，资本主义生产方式非但没有能力驾驭生产力的发展，反而已经成为生产力发展的障碍。经济危机的出现迫使资产阶级在一定限度内，把生产力当作社会生产力看待，试图通过股份公司乃至国家垄断的组织形式来消除经济危机。这些"资本主义的机器"均未消除生产力的资本属性，也就是没有消灭资本关系，反而把资本关系推向顶点，进而加剧资本主义的灭亡。总而言之，资本主义生产方式的基本矛盾无法从其自身中得到解决，有力地证实了社会主义取代资本主义的必然。

第三节　从必然王国到自由王国的途径

除了揭示资本主义生产方式的基本矛盾，即社会主义必然代替资本主义的根本依据，科学社会主义的主要内容还包括从必然王国到自由王国的途径，也就是未来社会的实现方式。

在已经深刻认识到资本主义生产方式的基本矛盾的情况下，解决矛盾的关键就在于从根本上改变生产资料的占有形式，使其真正与社会化大生产相适。与此同时，资本主义生产方式的基本矛盾的解决，也就意味着资本主义生产方式的彻底变革。在此基础上建立起来的新的生产方式，能够更好地驾驭社会生产力。当生产力被人们按照其本性（社会生产力）来对待时，社会生产的无政府状态就会让位于一种有计划的调节，即按照社会总体和每个成员的真正需要来进行生产。正如恩格斯所说："这种解决只能是在事实上承认现代生产力的社会本性，因而也就是使生产、占有和交换的方式同生产资料的社会性质相适应。而要实现这一点，只有由社会公开地和直接地占有已经发展到除了适于社会管理之外不适于任何其他管理的生产力。"①

事实上，自资本主义生产方式确立以来，由社会占有全部生产资料的想法，就始终作为未来理想而为人们所不断提及。但是，这种占有唯有在具备一定的物质条件的时候，方可从空想变为现实。恩格斯所说的生产资料的占有形式的改变，不是简单地用公有直接代替私有，而是使先后奴役生产者和占有者的资本主义占有方式，"让位于那种以现代生产资料的本性为基础的产品占有方式"②，包括由社会直接占有的用以维持和扩大生产的资料，以及个人直接占有的用以生活和享乐的资料。随着社会成为全部生产资料的"主人"，可以在社会范围内有计划地使用这些生产资料，生产资料对人的奴役就真正地消灭了。

只有每个人的解放才是整个社会的解放。因此，必须彻底变

---

① 《马克思恩格斯选集》第 3 卷，人民出版社 2012 年版，第 666 页。
② 《马克思恩格斯选集》第 3 卷，人民出版社 2012 年版，第 667 页。

革旧的生产方式，特别是消灭旧的分工和城乡对立，建立使生产劳动真正成为人的解放手段的新的生产组织："一方面，任何个人都不能把自己在生产劳动这个人类生存的必要条件中所应承担的部分推给别人；另一方面，生产劳动给每一个人提供全面发展和表现自己的全部能力即体能和智能的机会。"①

关于消灭旧的分工和城乡对立的方式，恩格斯是在《反杜林论》"社会主义编"第三章中，通过批判杜林保留旧的资本主义分工的幻想来正面阐述的。在恩格斯看来，消灭旧的分工并建立新的生产组织，不是只有靠牺牲劳动生产率来实现的，而是以大工业即生产力的高度发展为物质条件的。究其实，生产资料和劳动产品都是社会的普遍物质交换和普遍交往的结果。因此，大工业属于社会化大生产。按照大工业自身发展的逻辑，就是要消灭旧的分工，形成生产劳动的普遍交换和劳动者的全面流动，从而用自由而全面发展的个人代替只承担局部社会职能的个人。与此同时，大工业在很大程度上使社会生产摆脱了地方局限性，因而使城乡对立的消灭不仅成为可能，而且成为社会生产本身的直接需要。当然，要消灭资本主义的大工业不断造成新的城市，进而加剧城乡对立的"恶的循环"，只有消灭大工业的资本主义性质才有可能。"只有按照一个统一的大的计划协调地配置自己的生

---

① 《马克思恩格斯选集》第3卷，人民出版社2012年版，第681页。

产力的社会，才能使工业在全国分布得最适合于它自身的发展和其他生产要素的保持或发展。"①

　　除了消灭旧的分工和城乡对立，彻底变革旧的生产方式还会消灭阶级和阶级差别，使国家自行消亡。恩格斯指出，资本主义生产方式本身的发展，即已指明了变革它的力量和道路。它不仅日益把大多数居民变成无产者从而彻底的革命者，还不断迫使人们把社会化的生产资料变为国家财产。因此，无产阶级革命，即无产阶级取得国家政权并首先把生产资料变为国家财产，是彻底变革旧的生产方式的首要环节。尔后，当国家真正成为整个社会的代表之时，就意味着不再有需要镇压的阶级，亦不存在阶级对立。这样的国家的第一个行为，即以社会的名义占有生产资料，同时也是它作为国家的最后一个独立行为。那时，国家政权对社会各个领域的干预，将成为完全多余的事情而自行停止；对物的管理和对生产的领导，将取代对人的统治。从这个意义上说，国家不是被废除的，而是自行消亡的。

　　那么，在国家自行消亡的过程中，阶级和阶级对立又是如何消失的呢？恩格斯进一步分析说，社会分裂为统治阶级和被统治阶级，是生产力尚未得到充分发展的必然结果。只要全部社会劳动所提供的产品，除了满足全体社会成员的基本需要以外只有少

———————
① 《马克思恩格斯选集》第3卷，人民出版社2012年版，第683—684页。

量剩余，只要劳动占据了大多数社会成员的几乎全部时间，社会就必然划分为不同的阶级。换言之，分工是阶级划分的基础，因为除了依赖于直接生产劳动的大多数社会成员之外，还有一个掌管社会公共事务的、并不专门从事劳动的阶级。当然，强调分工之于阶级划分的基础作用，并不意味着否定阶级划分的其他方式，诸如暴力和掠夺、欺诈和蒙骗、统治和剥削等。随着社会生产力的高度发展，以生产力发展不足为基础的阶级划分将"寿终正寝"。"在这个阶段上，某一特殊的社会阶级对生产资料和产品的占有，从而对政治统治、教育垄断和精神领导地位的占有，不仅成为多余的，而且在经济上、政治上和精神上成为发展的障碍。"①

在社会生产力高度发展的未来社会中，社会占有了全部的生产资料，商品生产和产品对生产者的统治被消除了，有计划的自觉的生产组织代替了社会生产的无政府状态，个人之间的生存斗争也随之停止。于是，个人在一定意义上彻底脱离动物界，从动物的生存状态进入真正的人的生存状态，实现对其生活条件的支配，成为自身的社会结合的主人，因而"第一次成为自然界的自觉的和真正的主人"②。不仅如此，个人还能够自觉地熟练运用自然规律和社会发展规律，不再把它们视为自然界和历史强加于身

① 《马克思恩格斯选集》第 3 卷，人民出版社 2012 年版，第 669—670 页。
② 《马克思恩格斯选集》第 3 卷，人民出版社 2012 年版，第 671 页。

上的异己的、对立的力量，人类自此才可以完全自觉地自我创造历史，实现从必然王国向自由王国的跃迁。恩格斯认为，现代无产阶级的历史使命就在于，完成这个解放世界的事业。相应之下，为无产阶级完成其历史使命提供强大的理论支持，通过对解放世界事业的性质和条件的考察，使被压迫的无产阶级认识到自身历史使命的性质和条件，就成为无产阶级运动的理论表现即科学社会主义的任务。

第十章

思想巨著的广泛传播和深远影响

"不仅普通工人……而且真正有科学知识的人，都能够从恩格斯的正面阐述中汲取许多东西。"[①] 正如马克思所预判的这样，以《反杜林论》为载体的马克思主义理论体系，除了得到广大马克思主义者的肯定、宣传和研究之外，在世界范围内的影响力渐成"燎原之势"：在俄国，它甫一出现就被迅速部分译介出去，甚至在沙俄书报检查机关的严厉禁止下推出了全译本；到了苏联时期，截至20世纪60年代即已累计发行了几百万册；早在20世纪30年代，英美世界中就有《反杜林论》的英译本，时至今

---

① 《马克思恩格斯全集》第 34 卷，人民出版社 1972 年版，第 242 页。

日仍广为流传；它在马克思主义中国化的进程中也发挥着极为重要的作用，吴亮平所完成的中译本甚至被毛泽东冠以"其功不在禹下"的评论；这一著作更是习近平总书记反复研读并能够活学活用的书籍之一，等等。事实胜于雄辩，《反杜林论》以大众化的表达方式，不仅在同杜林理论体系的论战中捍卫了马克思主义学说，为德国工人运动奠定了坚实的思想基础，而且有力地推动了国际共产主义运动，促进了马克思主义在世界各国的发展。

第一节　《反杜林论》在俄国和欧美世界的译介

马克思和恩格斯十分重视俄国的革命运动，他们生前出版的许多重要著作都被推介到俄国，并且产生了很大的影响力，《反杜林论》也包括在内。在《反杜林论》德文第一版刚问世不久，恩格斯就专门把它寄送给斯米尔诺夫、拉甫罗夫等俄国社会主义者①。19 世纪 70 年代的俄国，正值小资产阶级社会主义的学说，特别是蒲鲁东主义、杜林理论体系，于俄国知识分子尤其是革命青年中间，传播广泛并且影响很大。在这种情况下，《反杜林论》在俄国的传播和翻译，无疑能起到思想的正本清源作用。对于促

---

① 参见《马克思恩格斯全集》第 34 卷，人民出版社 1972 年版，第 310、314 页。

进俄国社会革命具有重要的意义。

1879 年，季别尔在收到科瓦列夫斯基转交的《反杜林论》后，旋即撰写了以摘要和节译为主的两篇评论性文章，分别发表于《批判评论》杂志第 15 期和《语言》杂志第 11 期。在《反杜林论》德文第三版出版之际（1894 年），俄国书报审查机关，以"社会主义教义问答手册"和"民主党人理论宣传的危险武器"为由，颁布禁止传播《反杜林论》的法令。尽管如此，《反杜林论》还是作为俄国首批马克思主义者的思想武器，于 19 世纪八九十年代秘密或半公开地被部分发表。例如，19 世纪 80 年代初，由莫斯科翻译者和出版社发行的《反杜林论》缩略版的俄译本；莫斯科劳动解放社出版于 1884 年出版的《社会主义从空想到科学的发展》（查苏利奇译）俄译本，其中还收录了《反杜林论》"暴力论"三章的内容；莫斯科马克思主义小组成员翻译的一系列《反杜林论》片段，也在 19 世纪 90 年代陆续发表，等等。经由俄国马克思主义者的共同努力，《反杜林论》俄文全译本呼之欲出。

1904 年年初，《反杜林论》首个俄译本，以"哲学、政治经济学、社会主义（杜林在科学中实行的变革）"为题，由莫斯科雅科温科出版社印刷完成。当年 7 月，这个译本在接受彼得堡书报审查委员会审查时，很快被发现是改了标题的"禁书"。为此，负责该书的审查官索科罗夫经过翔实的审查，给出了如下具体意见：（1）马克思主义已经分化为各种流派，马克思和恩格斯的思想更不是新鲜事物，因此必须将马克思主义的理论部分和实际后果区分开来；（2）对现代资本主义制度的批判，已经不再是马克思主义的"专长"，很多的学说都有所涉及；（3）在《反杜林论》中反复征引的《资本论》的内容，本身已被允许公开发表；（4）书中也有一些不能通过的地方，诸如对未来社会主义社会的宣传和对基督教及其道德观的猛烈批判，需要把这些内容删除方可出版。

在参考索科罗夫意见的基础上，彼得堡书报审查机关出于传播《反杜林论》可能带来的社会"危害"，特别是马克思主义的基本原理、社会主义代替旧的社会的必然性、为社会主义政党服务的性质，最终得出删节出版《反杜林论》的意见。可是，这个节译本"翻译得很糟，不仅有许多遗漏，而且有不少错误"①。1904年10月，《反杜林论》首个俄文全译本，以"反杜林论（欧根·杜林先生在哲学中实行的变革）"，由莫斯科雅克温科出版社正式发行。此后，直至第二次世界大战结束后，苏联马列主义研究院才根据《反杜林论》德文第3版，进行校订和修改，推出了新的俄文全译本，同时将恩格斯撰写《反杜林论》的准备材料等收入附录中。这一版本总共印行了10万册，并于1948年再版。根据相关统计，苏联在1960年前就已经印行了18种文字63个

---

① 《列宁选集》第1卷，人民出版社2012年版，第701页。

版本的《反杜林论》，共计发行量高达 246 万余册。①

　　在法国，根据《反杜林论》摘编而成《空想社会主义和科学社会主义》于 1880 年一经问世，便由于对科学社会主义的发展过程和主要内容的大众化阐释，而"在许多优秀的法国人的头脑中引起了真正的革命"②。1901 年，由拉法格翻译的《反杜林论》法文节译本在巴黎出版，《反杜林论》法文全译本则于 1911 年问世。在美国，《反杜林论》首个英文节译本于 1907 年在芝加哥问世，直到 1934 年才在纽约出版了《反杜林论》英文全译本，英国的劳伦斯和威沙特出版社在 1936 年对该书进行了出版。此外，《反杜林论》还曾在一些东欧社会主义国家大量翻译出版，在此不再详叙。值得注意的是，各个时期和不同语种的《马克思恩格斯全集》，如历史考证版、俄文版、法文版、英文版等，都已将《反杜林论》收入其中并且印行。

第二节　《反杜林论》在中国的传播与作用

　　十月革命的一声炮响，给中国带来了马克思主义。包括《哲

----

　　① 参见艾福成、王育民：《马克思主义哲学名著评介》，吉林大学出版社 1989 年版，第 248 页。

　　② 《马克思恩格斯全集》第 35 卷，人民出版社 1971 年版，第 343 页。

学的贫困》《共产党宣言》《资本论》《反杜林论》在内的马克思主义经典著作，开始由中国先进的知识分子翻译、传播和运用。和大多数马克思主义经典著作一样，《反杜林论》在中国的译介不是根据原文直译的，而是从其他语种转译而来的，并且从节译转向全译。

《反杜林论》中最早传入中国的内容是"第三篇 社会主义"的第二章，亦即《社会主义从空想到科学的发展》第三章，由徐苏中转译自日本学者河上肇的《科学的社会主义与唯物史观》一文，于1920年12月刊登在《建设（上海1919）》杂志第3卷第1期。这篇文章在简要回溯了《反杜林论》和《社会主义从空想到科学的发展》的写作背景和翻译传播，扼要介绍了马克思、恩格斯的世界观和国际工人运动的背景知识之后，将《反杜林论》"社会主义编"的"理论"章的内容，划分为"唯物史观要领""唯物史观与社会主义之关系""历史进化概观"三个部分。结合当时救亡图存和道路选择的时代课题，不难看到《反杜林论》首译文所起到的思想武器的重要作用。

诚如青年毛泽东所言："唯物史观是吾党哲学的根据，这是事实，不像唯理观之不能证实而容易被人摇动。"[①]20世纪20年代，早期的中国共产党人在接受、宣传和阐释唯物史观，探索中

---

① 《毛泽东文集》第1卷，人民出版社1993年版，第4页。

国革命的性质和道路的过程中，极为重视《反杜林论》的思想内容，并且在马克思主义与无政府主义的论战中发挥重要作用。早在李大钊、邓中夏、高君宇等发起的马克思学说研究会的成立之时，就已经将《社会主义从空想到科学的发展》作为主要读物。1922 年 1 月，邓中夏发表于中国社会主义青年团的机关报《先驱》创刊号上的《共产主义与无政府主义》一文，引述了《反杜林论》中的许多论断。作为马克思主义哲学中国化早期的里程碑之作，瞿秋白的《社会哲学概论》（1924），更是对《反杜林论》的选择性转译与创造性阐释。

　　尔后，伴随着当时前所未有的学习与传播唯物辩证法的热潮①，20 世纪 30 年代出涌现了许多《反杜林论》中文摘编或节译。例如，高语罕的《唯物辩证法与马克思主义》（载《辩证法词典》，上海亚东图书馆 1930 年 4 月出版），寿衡的《达尔文学说之基础的要素》（载《马克思学体系》第三册，上海平凡书局 1930 年 6 月出版）等。1930 年 11 月，吴亮平所完成的首个《反杜林论》中文全译本，由江南书店发行，仅在此后三年间，就销行了四、五版。除此之外，这一时期还有钱纳水翻译的《反杜林格论——

---

　　① "唯物辩证法风靡了全国，其力量之大，为二十二年来的哲学思潮史中所未有。学者都公认这是一切任何学问的基础，不论研究社会学、经济学、考古学，或从事文艺理论者，都在这哲学基础中看见了新的曙光"（艾思奇：《廿二年来之中国哲学思潮》，《中华月报》1934 年第 2 卷第 1 期）。

哲学·经济学·社会主义批判》（上海昆仑书店 1930 年 12 月出版），屠庆祺摘译的《反杜林论别序》《现代自然科学中之辩证法》（均收录于神州国光社印刷所 1932 年 8 月出版的《自然辩证法》）。这些译本的出现，为 20 世纪 30 年代的中国社会性质论战、中国社会史学论战和唯物辩证法论战，提供了强有力的思想武器，进一步扩大了马克思主义在中国传播的范围。

吴亮平的《反杜林论》中译本问世后，在中国共产党人中间迅速传播起来，产生了极其广泛的影响。不论是党的主要领导人的深入研究，还是党员干部的学习教育，都把《反杜林论》视作极其重要的教材。毛泽东对这本书爱不释手，不仅注重书的内容和形式，特别是译文的"信""达""雅"问题；而且和吴亮平多次探讨其中的马克思主义基本理论，进而用以指导中国革命的实际问题。党的一些理论家，如艾思奇、何思敬、于光远等，也吸收和借鉴《反杜林论》中的重要思想，不断推进马克思主义的中国化、时代化、大众化。

1939 年，受毛泽东的鼓励和支持，吴亮平在充分参考《反杜林论》德译本、英译本、俄译本的基础上，对《反杜林论》1930 年中译本进行了重新审校和修订，并摘译完成了《〈反杜林论〉内容大要》、撰写了《〈反杜林论〉中译本出版十周年小序》收入书中，于 1940 年 8 月由延安解放社出版。《反杜林论》1940 年中译本的影响很大，直到 20 世纪 80 年代还被多次重印。吴亮平在 20 世纪 50 年代初对《反杜林论》再次进行了校译，并于 1956 年 2 月由人民出版社出版发行，在不到十年内就印制了 14 次。1974 年和 1980 年，人民出版社和生活·读书·新知三联书店，还分别出版了吴亮平的两次修订本。

除此之外，中央编译局还编译出版了《反杜林论》单行本（1970 年 12 月），并在《马克思恩格斯全集》中文第 1 版和中文第 2 版、各个版次的《马克思恩格斯选集》、《马克思恩格斯文集》中收录并出版了《反杜林论》。总而言之，《反杜林论》在中国的翻译和传播，是马克思主义中国化历程的一个"缩影"。对这一马克思主义经典著作的深入理解和充分运用，有助于推进马克思主义在中国的创新与发展。

第三节 《反杜林论》的世界观和方法论意义

实践性是马克思主义最重要的特点和理论品格。"批判的武器当然不能代替武器的批判"①，论战的高下立分和思想的正面阐述，绝不意味着马克思主义理论体系，可以直接转化为认识和改变现实世界的方法。照搬照抄马克思主义学说，将其中的个别论

---

① 《马克思恩格斯文集》第 1 卷，人民出版社 2009 年版，第 11 页。

断套用到现实运动中，非但无助于认识世界，反而给改变世界带来灾难性的危害。《反杜林论》在世界范围内的广泛传播和深刻影响，充分表明马克思主义不是教义而是方法。在中国特色社会主义进入新时代的历史方位下，更应当不断"激活"《反杜林论》的世界观和方法论意义。

正如习近平总书记反复强调的："党的各级领导干部特别是高级干部，要原原本本学习和研读经典著作，努力把马克思主义立场、观点、方法学到手，作为自己的看家本领。"① 在诸多马克思主义经典文本中，《反杜林论》是习近平总书记多次提及的一部著作。2018 年 12 月 18 日，习近平总书记在庆祝改革开放 40 周年大会上发表重要讲话。他在谈道"必须坚持马克思主义指导地位，不断推进实践基础上的理论创新"问题时，专门引述了《反杜林论》中的一段话："一切社会变迁和政治变革的终极原因，不应当到人们的头脑中，到人们对永恒的真理和正义的日益增进的认识中去寻找，而应当到生产方式和交换方式的变更中去寻找。"② 在此，习近平总书记运用这一论断，充分说明了创新是改革发展的生命，实践发展和思想解放的良性互动永无止境。

在原原本本学习和研读马克思主义经典著作、坚持和运用马

---

① 习近平：《在全国党校工作会议上的讲话》，人民出版社 2016 年版，第 15 页。
② 习近平：《在庆祝改革开放 40 周年大会上的讲话》人民出版社 2018 年版，第 25—26 页。并参见《马克思恩格斯选集》第 3 卷，人民出版社 2012 年版，第 547 页。

克思主义世界观和方法论方面，习近平总书记是这样要求全党的，也是躬身力行的。他把学习马克思主义的世界观和方法论，放在党的建设特别是思想建设更加突出的位置。第十八届中共中央政治局专门以历史唯物主义基本原理和方法论、辩证唯物主义基本原理和方法论为题进行了两次集体学习。

习近平总书记强调，认识和把握我国社会发展的阶段性特征，要坚持辩证唯物主义和历史唯物主义的方法论，从历史和现实、理论和实践、国内和国际等方面的结合上进行思考，从我国社会发展的历史方位上来思考，从党和国家事业发展大局出发进行思考，得出正确结论。更为重要的是，他灵活地运用马克思主义世界观和方法论，指导新时代中国特色社会主义伟大实践，认识问题、分析问题和解决问题，不断在实践中推进马克思主义中国化、时代化和大众化的永续前行，为全党真信、真学、真用马克思主义做出了表率。

辩证唯物主义是关于自然、社会和思维发展一般规律的普遍概括，是中国共产党人分析处理一切问题的思想方法。习近平总书记善于运用辩证唯物主义的基本原理和方法分析复杂事物，全面把握事物变化及其关系，灵活地运用辩证思维方式思考和处理改革发展问题，娴熟地运用矛盾论、两点论和重点论观察和处理重大时代问题，从纷繁复杂的事物表象中把准改革脉搏，深刻把握新时代中国特色社会主义实践发展的内在规律。

　　学习和运用辩证唯物主义，要着重理解以下重要理论与基本观点：一是世界统一于物质、物质决定意识的原理，坚持从客观实际出发制定政策、推动工作。从这个原理出发，习近平总书记作出"中国特色社会主义进入新时代"的重大政治判断，提出要准确把握中国国情的"变"与"不变"，准确把握中国改革发展不同阶段的新变化新特点，使主观世界更好符合客观实际，实事求是，按照实际决定工作方针。二是事物矛盾运动的基本原理，不断强化问题意识，积极面对和化解前进中遇到的矛盾。现阶段我国社会主要矛盾已经转化为人民日益增长的美好生活需要和不平衡不充分的发展之间的矛盾，必须在认识这个关系全局的历史性变化和继续推动发展的基础上来着力解决它，更好推动人的全面发展与社会全面进步。三是认识和实践辩证关系的原理，坚持实践第一的观点，不断推进实践基础上的理论创新。我们既要高度重视理论的作用，增强理论自信和战略定力，坚定不移地坚持经过反复实践和比较得出的正确理论；又要根据时代变化和实践发展，不断深化认识和总结经验，在理论创新和实践创新的统一与良性互动中，发展当代中国马克思主义、21世纪马克思主义。四是学习掌握唯物辩证法的根本方法，不断增强辩证思维能力，提高驾驭复杂局面、处理复杂问题的本领。当前中国社会各种利益关系十分复杂，我们要善于处理局部和全局、当前和长远、重点和非重点的辩证关系，在权衡利弊中趋利避害，并作出最为有利的战略抉择。

在中国这样一个有着 14 亿多人口的大国执政，我们党面临着十分复杂的国内外环境，肩负着繁重的执政使命，如果缺乏理论思维的有力支撑，难以战胜各种风险和困难，也难以不断前进。正如习近平总书记所指出："在革命、建设、改革各个历史时期，我们党运用历史唯物主义，系统、具体、历史地分析中国社会运动及其发展规律，在认识世界和改造世界过程中不断把握规律、积极运用规律，推动党和人民事业取得了一个又一个胜利。"①

学习和运用历史唯物主义要着重掌握以下重要理论和基本观点：第一，社会存在决定社会意识的原理，深刻理解和准确把握我们党现阶段提出和实施的理论和路线方针政策的正确性，就在于它们都是站在历史唯物主义的高度，以新时代的社会条件为基础，从中国当前的社会存在而做出的总体部署。第二，物质生产是社会生活的基础的观点，深刻理解和准确把握发展是解决我国所有问题的关键。生产力标准是历史唯物主义的根本判断准则。是否有利于解放和发展社会生产力，是检验社会历史发展的进步与否，以及我们党的路线方针政策正确与否和工作成败得失的根本标准。必须坚持发展第一要务。第三，社会基本矛盾原理和分

---

① 习近平：《坚持历史唯物主义不断开辟当代中国马克思主义发展新境界》，《求是》2020 年第 1 期。

析方法，深刻理解和准确把握新时代中国特色社会主义实践中的一系列重大关系。只有把生产力和生产关系的矛盾运动同经济基础和上层建筑的矛盾运动相结合来观察，把社会基本矛盾作为一个整体来观察，才能全面把握整个社会的基本面貌和发展方向。改革只有进行时、没有完成时，要适应我国社会基本矛盾运动的新变化推进改革。第四，人民群众是历史创造者的观点，深刻理解和准确把握群众路线是党的根本路线。我们党必须坚持以人民为中心的发展思想，不断促进人的全面发展、全体人民共同富裕，必须坚持把实现好、维护好、发展好最广大人民根本利益作为推进改革等一切工作的出发点和落脚点，让发展成果更多、更公平地惠及全体人民。

习近平总书记提及的上述原理和方法，在《反杜林论》中都能找到详细而深刻的论证。由此可见，新时代彰显《反杜林论》的世界观和方法论意义要求我们，一方面回到马克思主义经典著作中，探寻马克思主义理论体系永不枯竭的思想源泉；另一方面将马克思主义的世界观和方法论应用到社会现实生活中，认识、分析和解决社会发展中存在的问题，使之真正成为马克思主义创新和发展的不竭动力，奋力推进新时代中国特色社会主义事业持续向前发展。

附　录

《反杜林论》内容简释

	主要内容	思想细节	具体范围
第一篇序言	《反杜林论》的创作背景和叙述方式	《反杜林论》的写作原因	1 篇 1—3 段
		《反杜林论》的论战性质	1 篇 4—6 段
		使用自然科学材料的原因	1 篇 7 段
第二篇序言	《反杜林论》的再版原因和修订说明	从思想论战向正面阐述的转变	2 篇 1—4 段
		具体修改的原则和原因	2 篇 5—8 段
		唯物辩证法与自然科学的关系	2 篇 9—12 段
第三篇序言	《反杜林论》第三版的修订说明	第三版修订的内容和原因	3 篇 1—2 段
		《反杜林论》的影响力	3 篇 3 段

续表

		科学社会主义创立前的理论表现	1 章 1—6 段
引论 第一章	马克思主义理论体系的总体概述	唯物辩证法的产生及其基础作用	1 章 7—14 段
		唯物史观和剩余价值学说的意义	1 章 15—20 段
引论 第二章	批判杜林的理论体系的实质	杜林自我吹嘘的内容及目的	2 章 1—8 段
		杜林对先驱和同辈的全盘否定	2 章 9—23 段
		杜林自吹自擂的实质即狂妄无知	2 章 24 段
哲学编 分类。 先验主义 （第三章）	揭示杜林哲学体系的先验主义本质，正面阐述思维与存在的关系	杜林关于哲学的定义和分类中的先验主义本质	3 章 1—4 段
		思维和存在的辩证关系	3 章 5 段
		杜林将观念世界作为现实基础的动机	3 章 6—11 段
		杜林对纯数学和数学公理的解释中的先验主义特质	3 章 12—21 段
哲学编 世界模式论 （第四章）	揭露杜林世界模式论错误，正面阐述世界的统一性在于它的物质性	杜林从思维的统一性推导存在的统一性的过程及其错误	4 章 1—11 段
		世界的统一性在于它的物质性	4 章 12—13 段
		杜林世界模式论对黑格尔逻辑的抄袭	4 章 14—29 段

续表

		时空有限论谬误和定数律对康德的抄袭	5 章 1—16 段
哲学编 自然哲学 （第五—八章）	戳穿杜林用逻辑思维复苏自然哲学的幻想，正面阐述世界的可知性原则及其作用	无限和有限的辩证关系	5 章 17—21 段
		宇宙原始不变状态的虚构	5 章 22—39 段
		"宇宙介质"状态的自相矛盾	6 章 1—10 段 12—17 段
		物质和运动之间的真实联系	6 章 11 段
		潜热理论不能证明宇宙从不变到运动	6 章 18—21 段
		化学元素的量也无法说明从不变到运动	6 章 22—27 段
		用目的论解释有机界产生的泛神论色彩	7 章 1—8 段
		反驳杜林对达尔文生物进化论的指责	7 章 9—38 段
		杜林在生物进化方面的无知与自相矛盾	7 章 39—45 段
		杜林关于生命的本质和特征的谬误所在	8 章 1—27 段
		真正理解生命含义的正确方式	8 章 28—36 段
哲学编 道德和法 （第九—十一章）	批判杜林永恒真理和社会历史原则的虚构，正面阐述必然王国与自由王国的联系	杜林的意识原则是纯粹的无稽之谈	9 章 1—3 段

哲学编 道德和法 （第九— 十一章）	批判杜林永恒真理 和社会历史原则的 虚构，正面阐述必 然王国与自由王国 的联系	永恒真理的虚构以及在 自然科学、生物科学和 历史科学中的无法实现	9 章 5—8 段 14—22 段
		思维的至上与不至上的 辩证关系	9 章 9—13 段
		不存在凌驾于社会和历 史上的道德原则	9 章 23—29 段
		批判杜林在平等问题上 的先验主义方法	10 章 1—4 段
		剖析从意志平等推导平 等观念的谬误	10 章 5—23 段
		平等观念的阶级性与历 史发展过程	10 章 24—32 段
		揭露杜林在法律问题上 的无知与自吹	11 章 1—25 段
		批判杜林关于自由和历 史的定义的唯心主义色 彩	11 章 26—29 段 31—34
		自由与必然的辩证关系	11 章 30 段
		杜林在生活经验方面的 认识的纯粹儿戏	11 章 35—51 段
哲学编 辩证法 （第十二— 十三章）	揭破杜林所谓的 "现实哲学"根本 无法完全排除辩证 法的作用，正面阐 述唯物辩证法三大 基本规律的客观性 和普遍性	杜林将矛盾直接等同于 背理的错误所在	12 章 1—4 段 13—23 段
		矛盾规律的客观性和普 遍性	12 章 5、9—12 段

续表

		批判杜林对质量互变规律的歪曲	12 章 24—28 段
哲学编 辩证法 (第十二— 十三章)	揭破杜林所谓的"现实哲学"根本无法完全排除辩证法的作用,正面阐述唯物辩证法三大基本规律的客观性和普遍性	质量互变规律的客观性和普遍性	12 章 29—38 段
		反驳杜林对否定之否定规律的污蔑	13 章 1—11 段
		否定之否定规律的客观性和普遍性	13 章 12—27 段
哲学编 结论 (第十四章)	总结杜林哲学体系的自我吹嘘和纯粹欺人的实质		14 章 1 段
政治经济学编 对象和方法 (第一章)	正面阐述政治经济学的对象和方法,揭露经济自然规律的虚构	生产、交换和分配的真正关系	1 章 1—6 段
		马克思政治经济学批判的超越性	1 章 7—9 段
		经济自然规律的谬误所在	1 章 10—26 段
		杜林在分配不平等问题上的自相矛盾	1 章 27—30 段
政治经济学编 暴力论 (第二—四章)	戳穿杜林政治暴力论对经济关系与政治暴力的头足倒置,正面阐述经济基础与上层建筑的辩证关系	暴力目的说对经济利益与暴力手段关系的颠倒	2 章 1—9 段
		经济利益对暴力手段的决定作用	2 章 10—12 段

政治经济学编 暴力论（第二—四章）	戳穿杜林政治暴力论对经济关系与政治暴力的头足倒置，正面阐述经济基础与上层建筑的辩证关系	暴力本原说对经济力量和暴力工具关系的颠倒	3章1、12—13段
		经济力量对暴力工具的支配作用	3章2—11段
		暴力危害说对政治暴力历史作用的抹杀	4章1—14段
		政治暴力对经济发展的反作用	4章15—22段
政治经济学编 主要概念（第五—九章）	驳斥杜林对政治经济学主要概念的不求甚解，正面阐述剩余价值学说的主要内容。	将需要和劳动归结为自然规律的荒谬性	5章1—3段
		杜林对财富概念的错误解释及其目的	5章4—7段
		杜林对价值概念的混乱理解与自相矛盾	5章8—30段、36—40段6章1—12段
		商品价值的本质及其决定因素	5章31—35段6章13段
		反驳杜林对马克思资本概念的无端指责	7章1—3段、11—30段
		剩余价值的本质与资本主义剥削的秘密	7章4—10段8章3段
		批驳杜林对剩余价值的全然无知	8章1—2段、4—28段9章17—29段
		驳斥杜林关于生产和分配的基本规律	9章1—16段

续表

		批判杜林对古代经济学理论的否定	10 章 1—19 段
政治经济学编《批判史》论述（第十章）	批判杜林对政治经济学说史的肆意歪曲	反驳杜林对重商主义的曲解	10 章 20—24 段
		清算杜林对英国古典政治经济学的歪曲	10 章 25—94 段
		驳斥杜林对重农主义的缪解	10 章 95—143 段
		杜林歪曲政治经济学学说的原因	10 章 144—146 段
		总结杜林社会经济学的自我吹嘘实质	10 章 147 段
社会主义编历史（第一章）	对空想社会主义的考察与评判	空想社会主义产生的历史条件	1 章 1—4 段
		空想社会主义的理论贡献与历史局限	1 章 5—19 段
		批判杜林对空想社会主义的歪曲和攻击	1 章 20—25 段
社会主义编理论（第二章）	科学社会主义的主要内容	科学社会主义的思想基础和理论实质	2 章 1—3 段
		资本主义生产方式的基本矛盾	2 章 4—19 段
		从必然王国到自由王国的途径	2 章 20—26 段

社会主义编 生产 （第三章）	批判经济公社生产方式的非革命性，正面阐述彻底变革旧的生产方式的条件和作用	杜林对经济危机实质与作用的错误理解	3 章 1—12 段
		经济公社的守旧性和公共权利的矛盾性	3 章 13—25 段
		批判杜林保留旧的资本主义分工的幻想	3 章 26—37 段、 46—47 段
		消灭旧的分工与城乡对立的正确方式	3 章 38—45 段
社会主义编 分配 （第四章）	驳斥经济公社分配方式的非现实性，正面阐述商品价值所表征的现实关系	经济公社消除资本主义生产方式的幻想	4 章 1—10 段
		经济公社在商品流通上的矛盾与混乱	4 章 11—20 段
		商品价值所表征的现实关系	4 章 21—29 段
		"劳动的价值"的虚构与自相矛盾	4 章 30—34 段
社会主义编 国家，家庭， 教育 （第五章）	批驳杜林对未来的国家形式和公民教育的虚构，正面阐述未来社会的发展方向。	杜林所设想的未来国家的自相矛盾	5 章 1—8 段
		揭露杜林消灭宗教观点的虚构性	5 章 9—14 段
		杜林在家庭方面的构想的落后性	5 章 15—18 段
		剖析杜林关于公民教育的各种谬论	5 章 19—45 段
		"共同社会"体系彰显的狂妄自大本质	5 章 46 段

《反杜林论》大事年表

1867 年

12 月，《现代知识补充材料》杂志上刊登了杜林的评论文章《马克思〈资本论。政治经济学批判〉》。

1868 年

2 月上半月马克思和恩格斯在通信中，就杜林的《贬低凯里的人和国民经济学危机》《资本和劳动》等著作交流看法。

1874 年

6—7 月，马克思和恩格斯写信给李卜克内西、布洛斯和赫普纳，警告他们杜林对德国社会民主工党的影响的危险，并对杜林的《国民经济学和社会主义批判史》表示了坚决否定的意见。

1875 年

2月1日和4月21日，李卜克内西致信恩格斯，请求其在德国社会民主工党中央机关报《人民国家报》上批判杜林的理论。

1875年10月和1876年5月，李卜克内西把《人民国家报》拒绝发表恩斯特和莫斯特吹捧杜林的文章寄给恩格斯，再次请求他"尽快和尽量彻底地批判杜林的著作"。

1876 年

2月，恩格斯在《人民国家报》上发表《德意志帝国国会中的普鲁士烧酒》一文，指名批判了杜林的《国民经济学和社会经济学教程》中的观点。

5月24日，恩格斯致信马克思，表示打算全面批判杜林的著作。

5月25日，马克思回信恩格斯，支持他对杜林进行彻底的批判。

5月28日，恩格斯在给马克思的信中，拟定了他批判杜林理论的大纲和性质。

5月底—8月底，恩格斯中断了《自然辩证法》的写作，并着手为批判杜林的理论收集材料。为此，他专门读了杜林的《哲学教程》《国民经济学和社会主义批判史》《国民经济学和社会经济学教程》。

1876 年 9 月—1877 年 1 月初，恩格斯《欧根·杜林先生在哲学中实行的变革》（后来的《反杜林论》"哲学编"）一文，借以反讽杜林曾对其著作所作的命名——"凯里在国民经济学说和社会科学中实行的变革"。

1877 年

1 月 3 日至 5 月 11 日，《欧根·杜林先生在哲学中实行的变革》，在德国社会主义工人党中央机关报《前进报》上连载。

1 月 9 日，恩格斯把《欧根·杜林先生在哲学中实行的变革》最后一部分寄给李卜克内西，以便在《前进报》上发表。

3 月 5 日，马克思把批判杜林对政治经济学史的看法的第一部分内容，寄给恩格斯。

4 月 11 日，马克思致信白拉克，不仅对《欧根·杜林先生在哲学中实行的变革》给予充分肯定，而且批判了杜林的信徒们给《前进报》编辑施压禁止刊载该文的做法。

5 月 27—29 日，德国社会主义工人党代表大会召开，驳回了莫斯特等人停止发表恩格斯批判杜林文章的提案，最终通过了弗罗梅修正后的倍倍尔的提案：在《评论》（《前进报》学术附刊的前身）上刊登恩格斯的批判文章，或者以单行本的形式发表。

6—8月，恩格斯撰写《杜林先生在政治经济学中实行的变革》（后来的《反杜林论》"第二编 政治经济学"）。

7月，题为"欧根·杜林先生在科学中实行的变革。一、哲学"的单行本在莱比锡出版。

7月27日—12月30日，《欧根·杜林先生在政治经济学中实行的变革》在《前进报》学术副刊上连载。

1877年8月—1878年12月，恩格斯撰写《欧根·杜林先生在社会主义中实行的变革》（后来的《反杜林论》"第三编 社会主义"）。

8月8日，马克思把批判杜林对政治经济学史的看法的第二部分内容，寄给恩格斯。

1878 年

5月—6月初，恩格斯撰写《反杜林论》德文第一版"序言"初稿。后来恩格斯把这个初稿作为《自然辩证法》的材料（"《反杜林论》旧序。论辩证法"）

5月5日—7月7日，《欧根·杜林先生在社会主义中实行的变革》在《前进报》学术副刊上连载。

6月11日，恩格斯完成《反杜林论》德文第一版"序言"定稿。

7月，单行本《欧根·杜林先生在科学中实行的变革。二、政治经济学·社会主义》在莱比锡出版。

7月8日,《欧根·杜林先生在科学中实行的变革。哲学·政治经济学·社会主义》(《反杜林论》德文第一版)在莱比锡出版。

7月16日,恩格斯写信给斯米尔诺夫,告知已经寄送了《反杜林论》给他。

8月10日,恩格斯致信拉甫罗夫,通知他注意接收《反杜林论》。

11月14日,恩格斯在给倍倍尔的信中把《欧根·杜林先生在科学中实行的变革》称为《反杜林论》。后来这部著作以《反杜林论》的书名广为流传,载入史册。

1880 年

1月—3月上半月,为了宣传科学社会主义,恩格斯应拉法格的请求,把《反杜林论》的三章("引论"的第一章及"第三编 社会主义"的第一、二两章),由拉法格译为法文,先后发表在3月20日、4月20日和5月5日的《社会主义评论》上。尔后,这些内容汇编成题为"空想社会主义和科学社会主义"的小册子在巴黎出版。1883年,该书在德国出版时更名为"社会主义从空想到科学的发展",被马克思称为"科学社会主义的入门",当年内就印行了三版共计10000册。

1884 年

4 月 11 日，恩格斯获悉《反杜林论》在德国和其他国家，特别是在俄国，产生了巨大影响以后，通知《社会民主党人报》编辑说，他决定准备再版这一著作。

1885 年

1 月，恩格斯准备出版《反杜林论》德文第二版。

5 月，恩格斯审阅《反杜林论》德文第二版校样。

8 月 14 日—9 月 14 日，恩格斯在泽稷岛休养，继续审阅《反杜林论》德文第二版校样。

9 月 23 日，恩格斯完成《反杜林论》德文第二版"序言"。

12 月 2 日左右，《反杜林论》德文第二版在苏黎世出版。

1887 年

3 月 4 日，《反杜林论》的一部分片段以"平等观念是怎样产生的"为题，发表在《社会民主党人报》上。

12 月底，恩格斯开始撰写其计划的小册子《暴力在历史中的作用》，该书前三章为《反杜林论》"第二编 政治经济学"中的"暴力论"三章。

1893 年

10 月 14—27 日，恩格斯获悉福尔坦打算把马克思的著作《黑格尔法哲学批判》和《反杜林论》中的"暴力论"三章译成法文，并计划发表在社会主义杂志《新纪元》上。恩格斯为此事同福尔坦、拉法格通信，指出马克思的著作只能由哲学专家来翻译，他只同意翻译《暴力论》。

1894 年

5 月 23 日，恩格斯为《反杜林论》德文第三版撰写序言。

7 月，《反杜林论》德文第三版在斯图加特出版。

7 月 26 日，恩格斯把《反杜林论》寄给拉布里奥拉。

1904 年

10 月，《反杜林论》俄文节译本，以《哲学、政治经济学、社会主义（杜林在科学中实行的变革）》为书名，在彼得堡出版。

1907 年

《反杜林论》俄文完整译本在彼得堡出版，书名为《反杜林论（欧根·杜林先生在哲学中实行的变革）》。

1920 年

12 月，《反杜林论》"第三编 社会主义"的一部分内容的中译文，以"科学的社会主义与唯物史观"为题，刊载于《建设》杂志第 3 卷第 1 号。

1930 年

11 月，吴亮平翻译的《反杜林论》第一个中文全译本，由江南书店出版。该译本先后于 1940 年、1956 年、1974 年和 1980 年，进行了四次较大的校订。吴亮平译本是影响最大的《反杜林论》中译本之一，曾被毛泽东给予"其功不在禹下"的高度评价。

1970 年

12 月，《反杜林论》中文单行本由中央编译局编辑出版，并先后收录于《马克思恩格斯全集》中文 1 版第 20 卷（1971 年 3 月）、《马克思恩格斯选集》1972 年版第 3 卷。

1995 年

根据德文重新校译的《反杜林论》，收录于《马克思恩格斯选集》第 3 卷出版。以此为蓝本的单行本也在 1999 年发行。

2009 年

12 月，根据《马克思恩格斯全集》历史考证版和德文版重新校订的《反杜林论》，载于《马克思恩格斯文集》第 9 卷正式问世。该译本先后收录于《马克思恩格斯选集》2012 年版第 3 卷、《马克思恩格斯全集》中文 2 版第 26 卷。